# 新丝路华文系列教材编委会

華文教育
Chinese Education

新丝路华文系列教材
总主编 郭熙 邵宜

暨南大学华文学院精品教材

# 高级华文

主编 王衍军
编者 陈叔兰 王衍军 吴晓明 张凤芝

上册

暨南大学出版社
JINAN UNIVERSITY PRESS
中国·广州

**图书在版编目(CIP)数据**

高级华文．上册/郭熙，邵宜总主编．—广州：暨南大学出版社，2020.12(2025.9 重印)
(新丝路华文系列教材)
ISBN 978-7-5668-2961-0

Ⅰ.①高… Ⅱ.①郭… ②邵… Ⅲ.①汉语—对外汉语教学—教材 Ⅳ.①H195.4

中国版本图书馆 CIP 数据核字(2020)第 169663 号

**高级华文（上册）**
GAOJI HUAWEN（SHANGCE）
**总主编：郭 熙 邵 宜**

---

**出 版 人：**阳 翼
**项目统筹：**晏礼庆
**策划编辑：**杜小陆
**责任编辑：**陈绪泉 傅 迪
**责任校对：**黄 球 林玉翠
**责任印制：**周一丹 郑玉婷

**出版发行：**暨南大学出版社（511434）
**电　　话：**总编室（8620）31105261
营销部（8620）37331682 37331689
**传　　真：**（8620）31105289（办公室） 37331684（营销部）
**网　　址：**http://www.jnupress.com
**排　　版：**广州市新晨文化发展有限公司
**印　　刷：**广州方迪数字印刷有限公司
**开　　本：**787mm × 960mm 1/16
**印　　张：**10.75
**字　　数：**220 千
**版　　次：**2020 年 12 月第 1 版
**印　　次：**2025 年 9 月第 2 次
**定　　价：**49.80 元

# 编写说明

《高级华文》是新丝路华文系列教材的高级部分，适合已经完成《中级华文》的学习者以及具备相当水平（词汇量5 500～6 000个）的汉语学习者使用。本套教材突出“华文”特色，力求符合华裔留学生的认知特点，注重词汇量的积累扩大与中华优秀传统文化的熏陶浸染，注重培养和提高华裔留学生的跨文化交际能力，注重将中国传统文化的学习和词汇量的扩大紧密结合起来。

本套教材既有利于华裔留学生学习和感受中华文化，又能帮助学生了解中国当代国情和社会生活状况，感受中国的风土人情和各地不同的文化观念，培养学生具备良好的国际视野。

## 一、编写理念

本套教材体现功能法、任务型教学、“续”理论等多种教学法相结合的教学原则，以句法结构、篇章衔接、作文训练、社会实践以及文化熏陶的紧密融合为编写理念，特别是本书编者吸收了近年来王初明教授所提倡的“续”理论外语教学法的研究成果，注重华裔留学生高级汉语学习阶段所急需的多文体阅读、应用文写作以及学术论文写作能力的提升，汉语词汇量的扩大和词汇理解能力的提升，以及中华优秀传统文化意识和价值观、道德观的熏陶与培养。

## 二、编写原则

1. 科学性

课文语料真实、规范，根据语言习得规律由易到难编排教学内容和篇章练习，教材的字词、语法、文化大纲与华文水平测试相应程度的分级大纲保持一致。另外，根据华裔留学生往往具有汉语方言背景、学习和理解能力较强的特点，该套教材采用“精讲多练”的原则，设置了较多的课后练习题。在课后练习中除了重视词语的复现和替换练习外，上册和下册的关注点略有差异。

《高级华文》（上册）注重句序排列和读后续写，如上册第一课的课后练习四，有5道小题，排列一段话的正确语序，培养学生的衔接过渡意识；课后练习五和练习六，为仿写和读后续写，解决学生的“写作畏难”现象，注重培养和提升学生的写作能力。而《高级华文》（下册）则注重学生语法和词汇偏误（语病）的纠错和阅读理解，如下册第三课的课后练习三（请从A、B、C、D四句中选出有语病的一句并改正）和课后练习六（阅读理解《笑，不苦口的良药》），注重培养学生的汉语语感和纠错意识，全面提升高级阶段学生的现代文阅读能力。

2. 实用性

该套教材主要根据华裔留学生的身份特点和关注热点选编内容，比如下册第二课《共享经济》和第三课《人工智能》介绍了现在中国非常流行的共享经济现象和人工智能技术。在课文单元的编排上，编者主要是按照写作手法来组织课文内容。比如，教材上册涉及写人、写景和叙事，下册涉及演讲、议论、说明和调查报告等应用文体知识的学习和应用文的仿写练习。

特别是考虑到本科高级阶段的华裔留学生即将面临学年论文和毕业论文的写作，而大部分学生的论文又都是以调查报告的形式呈现，所以编者选取了下册第四课《调查报告》这篇与学生学习需求非常相符的课文，训练和提升学生调查问卷制作与发放、数据统计分析和调查报告的撰写能力，切实培养学生解决实际问题的能力。

3. 趣味性

该套教材力主选择贴近学生生活、容易激起学生学习的兴趣的话题，注重课文的趣味性。比如上册第二课《广州记》展现了华裔留学生正在生活的城市的魅力和富有地方风味的各种美食；下册第六课《电影的魅力》和第七课《发现的脚步》则选取了华裔留学生比较感兴趣的娱乐和旅游话题；上册第七课《故事四则》则挑选了四条富有哲理性的成语：欲速则不达、孟母三迁、田忌赛马、熟能生巧，通过有趣的故事让学生知晓生活和学习的道理，塑造、培养学生良好的人文素养和精神面貌。

另外，教材中一般选择和该课相关的文化点或知识点，兼顾学生的关注点和重难点，知识性、趣味性并重，引导学生了解中华文化，增强对中华文化的认同感。比如，上册第五课《本命年的回想》在介绍了春节习俗之后，又重点介绍了与之相关的文化知识点：各地民间的本命年习俗和寿诞习俗。

4. 针对性

该套教材的编写更多考虑华裔留学生自身的复杂性、多样性对汉语学习的影响，充分发挥华裔留学生学习华文的潜力和兴趣点，特别是根据华裔留学生往往口语水平较为流利而汉字认读、篇章写作能力往往较弱的特点，强化汉字的认读和篇章文体的训练，追求高效率的语言学习，体现华人学华文的特性。

再如，为培养和提高华裔留学生对中华文化的认同感和归属感，在课文内容的选编上，我们选择了上册第五课《本命年的回想》和第四课《花脸》，两篇课文分别介绍了中国本命年文化和春节的传统习俗与禁忌，唤醒华裔留学生对中国节日习俗的亲切感和熟悉感，将中华传统文化的内容融合进去，体现中华文化的浸润教育功能。

## 三、教材体例

《高级华文》共分上下册，每册8课，建议教学时间为一个学期（16周，每周8课时）完成一册。本套教材的编写体例基本沿用了《中级华文》的体例设置，以体现该套教材的一体性和延续性，只是根据教学重心的不同略有调整。每课基本由课前热身、课文、生词、扩展阅读（下册）、写作小技巧、文化点滴、练习和扩展与实践（上册）/课堂实战（下册）组成。各板块的主要内容基本如下：

**表1 《高级华文》的编写体例**

| 板块 | 主要内容 |
|---|---|
| 课前热身 | 通过故事、名言或与课文写作手法相关的段落和问题引出主题 |
| 课文 | 上册课文大部分为记人叙事写景的经典文学作品；下册每课包含了2篇课文。课文采取分栏排版的形式，一栏为课文文本，另一栏为旁注。旁注里包括一些词语的解释、根据课文内容设置的小问题、课文背景知识介绍和知识点的注释，帮助学生理解课文内容，降低课文难度 |
| 生词 | （1）生词：在每课课文的后面列出了本课需要学习者掌握的核心生词，包括该生词的拼音、词性、释义、常用搭配和例句。每课生词基本控制在30～52个。如上册第五课有31个生词，第八课有30个生词<br>（2）非核心词语：由拼音、词性和释义，只要求学生认识，不要求掌握（不是每课都有），如下册第六课有9个非核心词语，第七课和第八课则没有出现 |

（续上表）

| 板块 | 主要内容 |
| --- | --- |
| 扩展阅读（下册） | 以课文为中心，扩展到阅读有关文章。扩展阅读作为课文的补充，可以拓展学生的阅读范围。学生通过扩展阅读，可以打开视野，开拓思路，巩固所学的知识，使所学的知识立体化、综合化 |
| 写作小技巧 | 针对该课出现的写作手法或文体特点进行设计，并配以典型的例子和适当的练习帮助学生加以理解和巩固 |
| 文化点滴 | 选择和该课相关的文化点或知识点，兼顾学生的关注点，知识性、趣味性与实用性并重，引导学生了解中华文化，增强对中华文化的认同感 |
| 练习 | 根据每课重难点设置练习，主要有词语练习、句子练习、写作练习和阅读练习，帮助学习者从单句表达逐渐向语篇成段表达过渡，尤其注重训练学生连句成段、连段成篇的能力。其中，排列句序和改病句是选自 HSK 考试的题型 |
| 扩展与实践（上册） | 扩展练习，题目较多，供教师自由选择，主要为小组讨论、辩论和实践活动等没有标准答案的练习，以增强学生的学习兴趣 |
| 课堂实战（下册） | 根据课文内容和练习重心的转移，下册设计了课堂实战环节。比如，根据下册第二课辩论题：共享单车定点还车好还是自由还车好？ |

## 四、余言

《高级华文》教材是专门为来华学习的具有中级水平的华裔留学生编写的一套综合课教材，立足于跨文化交际能力、写作能力的提升以及中华传统文化的浸染，具有明显的文化标记和目标特征。然而教材编写是一项极其复杂艰巨的任务，特别是本套教材编写的高级阶段，既要照顾到与《初级华文》和《中级华文》在教学内容、目标特征、编写体例上的一致性，又要照顾到高级阶段的学习目标和能力训练的差异性，在历时两年多的编写过程中，编者群策群力，收集整理了大量的资料，不断增删取舍，投入了大量的精力和时间。其中，《高级华文》（上册）第一课《两封家书》和第八课《江南的冬景》由吴晓明老师负责；第三课《我的一位国文老师》、第五课《本命年的回想》和第七课《故事四则》由陈叔兰老师负责；第二课《广州记》、第四课《花脸》和第六课

《恒久的滋味》由张凤芝老师负责。《高级华文》（下册）第一课《演讲与朗诵》、第六课《电影的魅力》和第七课《发现的脚步》由陈叔兰老师负责；第二课《共享经济》、第三课《人工智能》由吴晓明老师负责；第四课《调查报告》、第五课《读书与思考》和第八课《谈谈翻译》由张凤芝老师负责。王衍军老师负责《高级华文》（上下册）的编写体例、编写理念和课后练习的总体设计，并负责全书的统稿和修订等工作。

《高级华文》（上下册）的初稿完成后，在华文学院内先后经历了多达四次的试用环节，同时举行了多次的教材试用研讨会，认真收集试用师生的反馈意见，并根据试用教师和学生的反馈意见和建议进行了多次修改。

尽管如此，因编者能力所限，教材中仍难免存在疏漏之处，欢迎各位教材使用者提出宝贵建议，以便在下次的修订工作中进一步完善和提高。

在《高级华文》（上下册）的编写过程中，暨南大学华文学院周博文、张佳童、王喆三位研究生参与了教材编写工作，在语料收集、生词整理和课文练习的编排上提供了极大的帮助。另外，暨南大学华文学院的匡小荣、田建伟、黄瑜、王昱、陈卓、王欣、陈正辉、王琪阳、陈露等老师在教材试用期间也克服了种种困难，对本教材进行了多轮试用，并在教材试用、修改、生词处理等方面提供了极大的便利和切实可行的修改意见。在此，《高级华文》教材编写组在此一并致以深深的谢意。而教材中尚存的问题和不足之处概由本编写组负责。

另外，本套教材选用了不少名家名篇，特别是选用了一些反映中国当代生活的佳作（根据内容情况也做了适当增删），其中，有些选文的作者、编者迄今尚未联系上，未能及时支付稿酬。在此我们也向各位作者致歉，希望各位作者、编者能及时联络本编写组，以便我们支付相应稿酬。

《高级华文》教材编写组

2020年8月28日

#目录

# 第一课　两封家书

## 课前热身

1. 当你读到这封信的时候，你已经在飞往美国的飞机上了。刚刚和爸妈最后一次拥抱时候的眼泪是否已经擦干了？妈妈不敢保证能控制住自己送你的时候不哭，不过妈妈一定会努力微笑着看着你离去，让你在不经意回头时，看见妈妈的笑脸，让妈妈的笑脸告诉你，这里永远是你最温暖最安全的港湾，不论你走得多远，当你累了、倦了、不开心了，或者任何时候，不需要理由，你都可以回来靠一靠，歇一歇，撒撒娇，偷偷懒……

真感谢现代通信的发达，就算你走得再远，我们每天都能取得联系。希望你能理解亲人们对你的关心和牵挂，你在那里生活的点点滴滴我们都想知道，哪怕是只言片语，哪怕是一两张随手拍下的照片，所以一定不要嫌我们啰嗦啊！我们母女之间的闲聊谈心还是继续坚持，妈妈只有及时全面了解了你的情况，到你最需要的关键时刻才会给你最有效的帮助和建议，相信你已经体会到和妈妈做知心朋友的好处了！而且妈妈想跟上你的步伐，跟上你们的思维和潮流，永远做一个与你没有代沟的妈妈！妈妈可不想被你嘲笑为落伍之人呢！

（节选自《出国留学的女儿》，百度文库，2014 年 8 月 2 日，有删改）

问：（1）你与父母之间有代沟吗？在哪些方面有代沟？

（2）你希望父母陪你一起来中国吗？为什么？

2. 满了 18 岁，就意味着你正式拥有了恋爱的自由，对这件事情，爸爸只想提醒你：恋爱是美好的，但是并不是所有恋爱都能够以婚姻为结果。因此，请你“练爱”的时候，不要过分冲动，学会控制自己。同时提醒你：婚姻，并不仅仅是你和她之间的事情，与一个人结婚，实际上是要和她的所有家人也成为亲人，将来幸福与否，相当程度上她的家人会是重要的影响因素，所以当你准备正式交往女友的时候，最好顺便了解一下她的家人。如果遇到了你爱的也爱你的合适女友，那就勇敢地去爱吧！用一生好好地珍惜她。茫茫人海中，这是多么不容易的事情，不要轻易放弃。

（节选自《一个爸爸给即将赴美留学儿子的一封信》，百度文库，2020年5月15日）

问：（1）你赞同上面这位父亲的话吗？说说你的理由。

（2）关于恋爱这件事情，你的父母给过你什么建议呢？你觉得他们的建议怎么样？

（3）请父母说说对你的期望，并将其拍成一段视频发给你。

## 课文

### （一）做人要做最上等的人

祖望：

你这么小小年纪，就离开家庭，你妈和我都很难过。但我们为你想，离开家庭是最好办法。第一使你**操练**[1]独立的生活；第二使你操练**合群**[2]的生活；第三使你自己感觉用功的必要。自己能**照应**[3]自己，**服侍**[4]自己，这是独立的生活。饮食要自己照管，冷暖要自己知道。最要紧的是做事要自己负责任。你功课做得好，是你自己的光荣；你做错了事，学堂*记你的过[5]，**惩罚**[6]你，是你自己的**羞耻**[7]。做得好，是你自己负责任。做得不好，也是你自己负责任。这是你自己独立做人的第一天，你要凡事谨慎。

你当今要与几百人同学了，不能不想想怎样可以同别人**合得来**[8]，人同人相处，这是合群的生活。你要做自己的事，但不可**妨害**[9]别人的事。你要爱护自己，但不可妨害别人。能帮助别人，需要尽力帮助人，但不可帮助别人做坏事。如帮人作弊，帮人犯规则，都是帮人做坏事，千万不可做。

你认为离开家庭独自生活有什么好处和坏处？多大离开家庭比较合适？

学堂：学校。

当你第一次独自到外地生活、学习，你知道父母最担心的是什么吗？他们最常对你说的话是什么？

合群有一条基本规则，就是时时要替别人想想，时时要想想："假使我是他，我应该如何?""我受不了的，他能受得了吗？我不愿意的，他愿意吗?"你能这样想，便是好孩子。

你不是笨人，功课应该做得好。但你要知道世上比你聪明的人多得很。你若不用功，成绩必定落后。功课及格，那算什么？无论在哪个班还是哪个学校，你都要**名列前茅**[10]。功课要考最优等，**品行**[11]要列最优等，做人要做最上等的人，这才是有志气的孩子。可志气要放在心里，要放在功夫里，千万不可放在嘴上，千万不可摆在脸上。无论你的志气怎样高，对人**切**[12]不可骄傲。不论你成绩怎么好，待人总要谦虚**和气**[13]。你越谦虚和气，人家越敬你爱你。你越骄傲，人家越恨你，越瞧不起你。

一定要做最好的那个，你认同作者这种看法吗?

儿子，你不在家中，我们时时想念你，你自己要保重身体。你是徽(huī)州*人，要记得"徽州朝奉，自己保重"*。

爸爸

十八年*八月廿*六日夜

（选自胡适：《胡适家书》，有删改）

徽州：历史地理名词，所指地区大部分在现在的安徽省。

徽州朝奉，自己保重：徽州俗谚，说的是作为徽州人要努力上进，做好自己。"徽州朝奉"泛指徽州的商人士绅。

十八年：指民国十八年，也就是1929年。

廿：niàn，二十。

**作者简介：**

胡适（1891—1962），字适之，安徽绩溪人。著名思想家、文学家、哲学家，以倡导"白话文"、领导"新文化运动"闻名于世。胡适一生的学术活动主要在文学、哲学、史学、教育学等方面，主要著作有《中国哲学史大纲》（上）、《尝试集》、《白话文学史》（上）和《胡适文存》等。他在学术上影响最大的是提倡"大胆地假设、小心地求证"的治学方法。

# （二）写给千里之外的孩子

克利斯朵夫：这是《约翰·克利斯朵夫》（*Jean-Christophe*）中的一个人物。这是法国作家罗曼·罗兰于1912年完成的一部长篇小说。小说描写了主人公奋斗的一生。

中国画中所谓的"小品"，是相对于大幅的、主题性强的作品而言的。小品画尺幅小、内容简、笔墨不多，却充满情趣。

亲爱的孩子，你走后第二天，就想写信，怕你嫌烦，也就罢了。可是没一天不想着你，每天清早六七点就醒，**翻来覆去**[1]睡不着，也说不出为什么。好像克利斯朵夫*的母亲独自守在家里，想起孩子童年一**幕**[2]幕的形象一样，我和你妈妈老是想着你二三岁到六七岁间的小故事。——这一类的话我们不知有多少可以和你说，可是不敢说，你这个年纪是一切向前望的，不愿意**回顾**[3]的；我们啰里**啰嗦**[4]**地抖**[5]出你尿布时代的往事，会引起你的**憎厌**[6]。孩子，这些我都很懂得，妈妈也懂得。只是你的一切终身会印在我们脑海中，随时随地会浮起来，像一幅幅的小品*图画，使我们又快乐又惆怅。

真的，你这次在家一个半月，是我们一生最愉快的时期。这幸福不知应当感谢谁，即使我没宗教信仰，至此也不由得要谢谢上帝了！我高兴的是我又多了一个朋友，儿子变了朋友，世界上有什么事可以和这种幸福相比的！尽管将来你我之间离多聚少，但我精神上至少是温暖的，不孤独的，我相信我一定会做到不太落伍，不太**迂腐**[7]，不太**浅陋**[8]，不至于惹你厌烦。也希望你不要以为我在高峰的顶尖上所想的，所见到的，比你们的不真实。年纪大的人终是往更远的前途看，许多事你们一时觉得我看得不对，日子久了，现实却给你证明我并没大错。

孩子，我从你身上得到的**教训**[9]，恐怕不比你从我这里得到的少。尤其是近三年来，你不知使我对人生多增了几许深刻的体验，我从与你相处的过程中学得了**忍耐**[10]，学到了说话的技巧，学到了把感情**升华**[11]！

你走后第二天，妈妈哭了，眼睛肿了两天，这叫做

**悲喜交集**[12]的眼泪。我们可以不用怕羞地这样告诉你，也可以不担心你憎厌而这样告诉你。人毕竟是感情的动物，偶然流露也不是**可耻**[13]的事，何况母亲的眼泪永远是圣洁的，慈爱的！

谈谈你对这位父亲的看法。

1954年1月30日晚

（选自傅雷：《傅雷家书》，有删改）

**作者简介：**

傅雷（1908—1966），江苏人，中国翻译家、作家、教育家、美术评论家。傅雷早年留学法国巴黎大学，翻译了大量的法文作品，其中包括巴尔扎克、罗曼·罗兰、伏尔泰等名家著作。20世纪60年代初，傅雷因在翻译巴尔扎克作品方面的卓越贡献，被法国巴尔扎克研究会吸收为会员。

## 生词

### （一）做人要做最上等的人

1. 操练　cāoliàn　（动词）

①练习，实践。

例：这次垃圾分类大赛，很多家长带着小朋友提前一小时到场，认真操练参赛项目。

学了这么多技术，是时候去实地操练一下了。

②以队列形式学习和练习军事或体育等方面的技能。

例：为了迎接国庆阅兵，他们这几个月来都在严格操练。

其他球队都在抓紧时间操练，他们队却在忙着拍广告。

2. 合群　héqún　（形容词）　愿意跟别人或者集体相处，跟大家关系和谐。

例：我从小喜欢一个人玩，大人们都担心我不合群，其实我知道怎样和人相处。

合群固然好，但做自己也很重要，所以你不需要勉强自己。

3. 照应

①zhào · ying　（动词）　照料，照顾。

例：我出差这段时间，麻烦你们多照应一下我的小狗。

爸爸希望我和弟弟在同一个城市工作生活，他觉得这样可以互相有个照应。

②zhàoyìng　（动词）　配合、呼应。

例：小说结尾的“梦醒”和开头的“梦”相照应，把读者拉回现实。

刘若英导演的电影《后来的我们》，照应了《后来》那首歌。

4. 服侍　fú · shi　（动词）　照料、服务。

~病人　精心~

例：母亲生病这段时间，他们兄弟俩每天都来医院，细心服侍。

你看看你，穿个鞋还要几个人在旁边服侍，也太幸福了吧！

5. 记过　jì // guò　（动词）　登记过失，作为一种处分。

记一次过　记大过　记……的过

例：他因为违反校规被记了一次大过，一直不敢告诉家长。

6. 惩罚　chéngfá　（动词）　惩戒，责罚，处罚。

受到~　应得的~　加倍的~

例：他做错了事还不承认，应该受到加倍的惩罚。

他爱的人都离开了，对他来说这是最大的惩罚。

7. 羞耻　xiūchǐ　（形容词）　不光彩、不体面。

例：考试作弊被抓是我这辈子做过的最羞耻的事情。

骗别人治病的钱，你不觉得羞耻吗？

8. 合得来　hé · delái　（形容词）　性情相合，能够相处。

例：通过旅行很容易看出两个人合不合得来。

合得来就多来往，合不来就少打交道。

9. 妨害　fánghài　（动词）　有害于，阻碍，比妨碍的语义重。

例：吸烟妨害健康，可是很多人还是戒不掉。

这位女士，你的行为是在妨害公务，必须立即停止。

10. 名列前茅　mínglièqiánmáo　（成语）　名次列在前面。

例：今年的“双十一”，南京人的购买力在全国排行榜上再次名列前茅。

成都马拉松的赛道设计在中国是名列前茅的。

11. 品行　pǐnxíng　（名词）　人的行为品德。

道德～　～高尚

例：这样颜值高、品行好的演员，当然是演艺公司争夺的对象。

看他平时不声不响，和和气气的，没想到品行这么恶劣。

12. 切　qiè

①（副词）　切实，务必。

例：这个人的话切不可全听，他明天讲的和今天说的可能完全不同。

此次会议非常重要，各位切勿缺席。

②（动词）　符合。

例：随着了解的增加，我越来越觉得这个人做事不切实际，喜欢空想。

这篇文章写得很有趣，但是不太切题。

13. 和气　hé · qi

①（形容词）　态度温和。

～生财　待人～

例：她性格温柔，对人从来都是和和气气的。

你对孩子别这么大声，和气一点儿说效果更好。

②（名词）　和睦的感情。

例：算了，别问了，不要为了几块钱伤了和气。

## （二）写给千里之外的孩子

1. 翻来覆去　fānlái-fùqù　（成语）

①来回翻身。

例：他昨晚躺在床上，翻来覆去，怎么也睡不着。

②一次又一次；多次重复。

例：这句话他已经翻来覆去说过不知道多少遍了。

星期天他翻来覆去地朗读了这几篇课文，终于能流利地背诵了。

2. 幕 mù （量词） 戏剧较完整的段落，每幕可以分若干场。也可指情景。

例：这部歌剧共有五幕。

看了这幅画，儿时的快乐情景一幕幕出现在我的眼前。

3. 回顾 huígù （动词） 回想；反思。

~历史 常常~

例：回顾过去，展望未来，我们对前途充满信心。

回顾刚来中国时的情景，那时我没有朋友，很孤独，可是现在完全变了。

4. 啰嗦 luō · suo （形容词）

①（言语）繁复。

啰啰嗦嗦地说了半天 啰里~的人

例：他啰里啰嗦说了半天，还是没有把事情讲清楚。

妈妈每次都啰啰嗦嗦的，我知道那是她对我的爱。

②（事情）琐碎；麻烦。

例：这件事情并不难做，就是啰嗦一些。

这些手续办起来才发现这么啰嗦。

5. 抖 dǒu （动词）

①（跟“出来”连用）全部倒出；彻底揭露。

例：大家把他以前做的丑事都抖出来了。

别把我小时候的事情都抖出来啊。

②颤动；哆嗦。

发~

例：天气太冷了，我冻得直发抖。

6. 憎厌 zēngyàn （动词） 憎恨；厌恶。

令人~ ~这种行为

例：他这种丑恶的行为令大家憎厌。

我们都十分憎厌那些总喜欢抬高自己、贬低别人的人。

7. 迂腐 yūfǔ （形容词） 按照陈旧的准则说话做事，不适应新时代。

~之人 ~之谈

例：我们应该与时俱进，不要太迂腐。

他这人有点儿迂腐，不太愿意接受新事物。

8. 浅陋 qiǎnlòu （形容词） 见识贫乏；见闻不广。

例：他学识浅陋，却自以为是。

我们做父母的不要太浅陋，一定要坚持学习。

9. 教训 jiàoxùn

①（名词） 从错误或失败中取得的知识。

接受～ 总结～

例：我们从这次失败中总结了教训，今后一定会做得更好。

他接受了教训，一定会改进自己的工作的。

②（动词） 严厉地教育批评。

～孩子 ～一顿

例：孩子犯了错误，不要总是教训，应该多了解一下原因。

这次事故是他造成的，老板狠狠地教训了他一顿。

10. 忍耐 rěnnài （动词） 把痛苦的感觉或某种情绪抑制住不使表现出来。

～寂寞 ～痛苦 ～不住 难以～

例：只有忍耐得住寂寞的人，才能安下心来学习。

良药苦口利于病，你还是忍耐着点儿，喝下去吧。

11. 升华 shēnghuá （动词） 借指事物的提高和精炼。

例：诗歌是语言的升华，你可能读不懂它，但是能感觉到它。

我常常跟好朋友一起旅行，这可以使我们的友谊进一步升华。

12. 悲喜交集 bēixǐ-jiāojí （成语） 悲伤和喜悦的感情交织在一起。

例：悲喜交集的父亲紧紧抱住了失散多年的儿子，激动得说不出话来。

洪水中获救的人们悲喜交集，非常感激大家的救命之恩。

13. 可耻 kěchǐ （形容词） 应当认为羞耻。

感到～ ～的行为

例：欺骗顾客是一种可耻的行为。

你这样浪费粮食，不觉得可耻吗？

## 文化点滴

# （一）中西跨文化交际冲突

随着中国改革开放力度不断加强，以及“一带一路”倡议的不断推进和深入发展，西方社会的人和事物越来越多地走进了我们的视野，在这种情况下，跨国别、跨民族、跨文化的经济和社会交往与日俱增，这就为我们提供了许多东西方接触和交流的机会，这对于各方来说当然是一件好事，但这并不是一件简单的事情。因为大家所面对的是来自陌生的文化和国家，思维方式、生活习惯、宗教信仰和行为方式迥然不同的人，在交往的过程中不可避免地会出现文化冲突。

中西跨文化交际中经常出现的文化冲突有以下几种：

1. 隐私方面的冲突

中国人的隐私观念比较薄弱，认为个人要归属于集体，在一起讲究团结友爱，互相关心，因此中国人往往很愿意了解别人的酸甜苦辣，对方也愿意坦诚相告。而西方人则非常注重个人隐私，讲究个人空间，不愿意向别人过多提及自己的事情，更不愿意让别人干预。因此在隐私问题上中西双方经常发生冲突。

例如：中国人第一次见面往往会询问对方的年龄、婚姻状况、儿女、职业，甚至收入，在中国人看来，这是一种礼貌，但在一些西方人眼里，则认为这些问题严重侵犯了他们的隐私。

2. 时间观念的冲突

西方人的时间观和金钱观常常是联系在一起的，“时间就是金钱”的观念根深蒂固，所以他们非常珍惜时间，在生活中往往对时间都做了精心的计划和安排，并养成了按时赴约的好习惯。在西方，要拜访某人，必须事先通知或约定，并说明拜访的目的、时间和地点，经商定后方可进行。

而中国人在时间的使用上往往比较随意，一般不会像西方人那样严格地按照计划进行，西方人对此往往感到不适应。不过，现在的中国人也有了很多变化，拜访别人往往也会提前预约了。

3. 客套语方面的冲突

中国人注重谦虚，在与人交际时，讲求“卑己尊人”，把这看作是一种美德，这是一种富有中国文化特色的礼貌现象。在受到别人的赞扬时，中国人往往会自贬一番，以表谦虚有礼。

西方国家却没有这样的文化习惯，当他们受到赞扬时，总会很高兴地说一声“Thank you”表示接受。由于中西文化差异，中国人认为西方人过于自信，毫不谦虚；而当西方人听到中国人这样否定别人对自己的赞扬或者听到他们自己否定自己的成就，甚至把自己贬得一文不值时，往往会感到非常惊讶，认为中国人不诚实。

4. 餐饮习俗方面的冲突

中华民族素有热情好客的优良传统。在交际场合和酒席上，热情的中国人常常互相敬酒。中国人宴客，即使美味佳肴摆满一桌，主人也总习惯讲几句“菜不多，请多多包涵”之类的客套话。主人有时会用筷子往客人的碗里夹菜，用各种办法劝客人多吃菜、多喝酒。而在西方国家，人们讲求尊重个人权益和个人隐私，所以他们不会做强人所难的事。吃饭的时候，绝不会硬往你碗里夹菜，自己想吃什么就吃什么，他们也不会想方设法劝客人喝酒。

造成中西文化冲突现象的原因多种多样，所以说在跨文化交际中是否能够正确地识别和运用行为规范是保证跨文化交际能否顺利进行的重要因素。而要保证跨文化交际的顺利进行，就必须理解对方的行为规范，尤其是要知晓何种行为对于对方来说，是应该被禁止的，而要做到这一点，最好的办法就是遵循“入乡随俗”的原则。

## 【思考与练习】

1. 请根据短文中的语境，猜测下列画线词语的意思。

与日俱增　迥然不同　酸甜苦辣　根深蒂固　卑己尊人　一文不值　强人所难　想方设法　入乡随俗

2. 如果有人问你以下问题，可你并不想回答，这时你会怎么说呢？

（1）你今年多大了？有男朋友/女朋友了吗？

（2）我看见你们经常在一起，你们是不是在谈恋爱？

（3）你结婚了吧？有孩子了吗？

（4）你今天穿的衣服真漂亮，多少钱？

（5）你现在在哪家公司工作？一个月多少钱呢？

（6）你父母是做什么的？

## （二）汉语中体现家庭教育的格言、警句

家庭是人生的第一学校，父母是孩子的首任教师，有着五千年文明史的中国，历来重视家庭教育，出现了很多善于教育子女的家长。比如中国古代有“孟母三迁”“孔子教子”“范仲淹教子”等家庭教育的经典案例。《三字经》上也有“窦燕山，有义方；教五子，名俱扬”的语句，“五子登科”这一成语，说的就是窦燕山的五个儿子先后登科及第，功成名就。汉语中有很多格言、警句反映了中国家庭教育的观念和教育子女的方式、方法。例如：

1.【养不教，父之过】

这句话出自《三字经》。意思是说，生养孩子却不进行教育，孩子缺乏教养，这是父亲的过错。

例：俗话说：“养不教，父之过；教不严，师之惰。”这充分说明，父亲的言传身教对孩子的影响长远而深刻，在家庭教育中的作用是非常大的。

2.【爱其子，择师而教之】

这句话出自唐代文学家韩愈的《师说》。意思是说，父母疼爱自己的孩子，就要选择好的老师来教导他。

例：你的小孩都已经六岁了，不能只让他在家里玩，要送他去读书，正所谓“爱其子，择师而教之”，要选择好的老师来教导他。

3.【人生百年，立于幼学】

这句话出自梁启超的《论幼学》。意思是说，人生这一辈子，成就立足于幼年所接受的教育。

例：不少人都认为高等教育比幼儿教育要高深复杂，实际上恰恰相反。“人生百年，立于幼学”，幼儿教育远比其他阶段的教育深奥、复杂。

4.【爱子，教之以义方】

这句话出自《左传·隐公三年》。义方：合宜的道理和正直的行为规范。意思是

说，疼爱孩子，就要教给他合宜的道理和正直的行为规范，教导他走正道。

例：家庭教育涉及很多方面，但最重要的是品德教育，是关于如何做人的教导，也就是古人常说的“爱子，教之以义方”。

5.【爱之不以道，适所以害之也】

这句话出自北宋司马光的《资治通鉴》。适：恰恰、正好。意思是说，爱孩子如果方式不对，这样的爱恰恰是害了他们。

例：正所谓“爱之不以道，适所以害之也”。如果父母不用正确的方式，爱护子女就变成宠爱了，那反而是以爱子之名害了孩子。

家教家风大多是普普通通的语言、实实在在的规矩，却能在日常生活中影响人、感染人、教育人，让人感受到强大、持久的道德力量。北宋名臣范仲淹曾留下了“先天下之忧而忧，后天下之乐而乐”的千古名句，表现出他卓越的政治理想和高尚的人格。他不但自己节俭奉公，为官清廉，对子女的要求也甚为严格，留下了很多教育子女的故事。比如下面的一则小故事：

范仲淹之次子范纯仁准备娶亲，把要添置的贵重物品开列了一份清单，送给父亲过目，范仲淹摇头不允，把儿子叫到跟前，语重心长地说：“年轻时太想着享乐，将来恐怕就吃不得苦了。”

范仲淹谆谆告诫儿子生活要节俭，结婚不是可以奢侈享乐的理由。此后，范纯仁有一次到外地给家里运麦子，遇见路人无钱葬亲而陷入窘境，就将麦子送给他换钱，此事受到了父亲的大力表扬。可见，在范仲淹身体力行的影响及严格管教下，范家始终保持着待人友善、勤俭持家的良好家风。

正是基于良好的家风家教，孝道与感恩一直是中华民族传统美德的基本元素。父母爱子女，子女敬父母。父母以己身作表率，良好家风代代相传。汉语中很多格言、警句也体现出父母对子女朴素而深沉的期望和关爱，反映出子女对父母浓郁而久远的感恩与缅怀。例如：

6.【树欲静而风不止，子欲养而亲不待】

这句话出自西汉时期韩婴的《韩诗外传》。意思是说：树想静静地待一会儿，可是风却让它不停地摇摆；当你想赡养双亲时，可他们已等不及而过世了。感叹子女希望尽孝时，父母却已经不在了，反映出“百善孝为先”的重孝观念。

例：时光易逝，在我们还有机会尽孝时，莫要再等待，正所谓“树欲静而风不止，子欲养而亲不待”。古人的遗憾也警示我们：行孝不能等待！

7.【望子成龙，望女成凤】

在中国文化中“龙”象征着“皇帝”，“凤”象征着“皇后”。该俗语意思是说，希望子女能在学业和事业上有所成就，成为最优秀的人。

例：“望子成龙，望女成凤”，这是父母对子女的殷切期望，但是父母也要记住：不要给孩子太多的压力和负担，孩子快乐健康才是最为重要的。

8.【儿行千里母担忧】

子女出门在外，做母亲的心里总是牵挂不已，时刻担心。此处的“儿”泛指“子女”，多用来形容母爱真挚深厚。

例：俗话说：“儿行千里母担忧。”这不，小王母亲刚在电视上听说广州有超级台风登陆，就马上给在广州工作的二儿子打电话，嘱咐他一定要注意安全，真是“可怜天下父母心”。

9.【慈母手中线，游子身上衣】

出自唐代诗人孟郊的《游子吟》。后面四句是：“临行密密缝，意恐迟迟归。谁言寸草心，报得三春晖!”这是一首母爱的颂歌：慈爱的母亲用手中的丝线为远走他乡的孩子缝制衣服。针针线线都是这样的细密，是怕儿子迟迟难归，故而要把衣衫缝制得更为结实一点儿。

例：正所谓“慈母手中线，游子身上衣”。母爱如水，细腻而又温和，滋润着棵棵幼苗；又像那温暖的阳光，轻轻抚摸着世间万物。

10.【当家才知柴米贵，养儿方知父母恩】

这是一句在中国广为流传的俗语，意思是说，只有当家了才知道柴米油盐是那么贵，只有自己有了孩子才知道父母的千般辛苦，才能充分理解父母的心意。

例：俗话说：“当家才知柴米贵，养儿方知父母恩。”只有在步入社会以后，只有在为自己的儿女付出的同时，我们才能深切地感受到当年父母在为我们付出时的种种辛苦，才能更懂得感恩父母。

## 【思考与练习】

1. 请根据短文中的语境，猜测下列画线词语的意思。

首任　孟母三迁　义方　五子登科　及第　功成名就　深奥　合宜　先天下之忧而忧，后天下之乐而乐　卓越　节俭奉公　为官清廉　次子　语重心长　谆谆告诫　陷入窘境　身体力行　基于　缅怀　百善孝为先　细腻　滋润

2. 你们国家有哪些反映家教家风以及体现孝道与感恩的格言、警句？请举例并加以解释。

## 练习

### 一、选词填空

操练　教训　妨害　和睦　服侍　羞耻　可耻

练习　批评　妨碍　和气　照应　羞愧

1. 妈妈要求丽丽每天下午（　　　）一小时钢琴，丽丽很乐意，因为她喜欢弹琴。
2. 今天他受到老师的（　　　），他认识到自己的错误了。
3. 我们已经学习了半个月的理论知识，从明天开始要到机器上进行实际（　　　）。
4. 宝贝对不起，爸爸没有遵守诺言，爸爸感到很（　　　）。
5. 生产假冒伪劣产品的人真是太（　　　）了。
6. 充满垃圾的海底是人类的（　　　）。
7. 我们虽然失败了，可我们总结了（　　　），以后不会再犯类似的错误了。
8. 图书馆里打电话会（　　　）他人，请注意自己的言行。
9. 携带烟花爆竹乘车（　　　）公共安全，是被禁止的。
10. 他现在事业有成，家庭（　　　），感到很知足。
11. 这篇文章前后（　　　），我喜欢这样的文章。
12. 你干吗总是一副凶巴巴的样子，就不能（　　　）一点吗？
13. 她觉得做保姆就是（　　　）别人，所以不想做这样的工作。

### 二、请用括号中的提示词完成句子

1. 这个人幽默，性格好，____________________。（合得来）
2. 我刚来广州的时候，____________________。（照应）
3. 论成绩，他绝对是第一名，____________________。（合群）
4. 今天发生的事情太意外了，____________________。（翻来覆去）
5. 想做好这份工作不容易，____________________。（忍耐）

6. ________________，现在想起来很亲切，很温暖。（啰嗦）

7. 终于找到失散多年的亲人了，________________。（悲喜交集）

## 三、请用括号中的提示词组织句子

1. 你觉得网购有什么优缺点？（第一……，第二……，第三……）

________________________________

2. 今天半夜有足球赛直播，我准备熬通宵了。（你是……，要记得……）

________________________________

3. 你离开的这段时间，我每天都在想你。（时时）

________________________________

4. 刚到中国的时候，你的感觉是什么？（没……不……）

________________________________

5. 他的公司最近生意不太好，大家有点儿担心。你呢？（不至于）

________________________________

6. 你父母支持你来中国学习吗？（何况）

________________________________

7. 开学了，你们学习忙吗？（毕竟）

________________________________

8. 小偷太可恶了！不但偷了我的钱包，还拿走了我的护照！（惩罚）

________________________________

## 四、排列句序

1. 正确语序是________

A. 其实家庭中每一个人的身上都有另一个人的一部分

B. 这种感受不仅缘于血缘和亲情，还有共同的经历和记忆

C. 在一起常常不在意，分开以后却倍感珍贵

D. 的确，最需要你的不是能感受到你存在的人，而是能感受到你不在的人

2. 正确语序是________

A. 和女朋友住在一起五六年了，还不结婚

B. 问儿子吧，儿子说结婚只是一张纸，相爱才能永远

C. 何先生的妈妈总觉得儿子难理解

D. 有很好的工作，不干了，非要“下海”

3. 正确语序是__________________

A. 不仅生活可以自理

B. 看着儿子吃饭时那股专注劲儿

C. 还可以做我的帮手

D. 才发现儿子已经长大了

4. 正确语序是__________________

A. 遗憾的是她缺少方法

B. 母亲是在竭尽全力地教育你

C. 你应该能体谅母亲的这种“教育过失”

D. 就像医生想给病人治病却医术有限

5. 正确语序是__________________

A. 才知远行不仅仅是母亲对我成长的深切的期望

B. 更是自己对遥远梦乡的向往

C. 独自踏上异乡的旅途时

D. 当走出母亲殷殷的目光

## 五、模仿下面的段落，用画线的词语写一段话

你当今要与几百人同学了，不能不想想怎样可以同别人合得来……你要做自己的事，但不可妨害别人的事。你要爱护自己，但不可妨害别人。能帮助别人，需要尽力帮助人，但不可帮助别人做坏事。如帮人作弊，帮人犯规则，都是帮人做坏事，千万不可做。

______________________________________________

______________________________________________

______________________________________________

______________________________________________

______________________________________________

## 六、续写下面的文章，要求故事完整、有新意

一天，一个盲人带着他的导盲犬过街时，一辆大卡车失去控制，直冲过来，盲人当场被撞死，他的导盲犬为了守卫主人，也一起惨死在车轮底下。

主人和狗一起到了天堂门前。

一个天使拦住他俩，为难地说："对不起，现在天堂只剩下一个名额，你们当中必须有一个去地狱。"

______________________________________________

______________________________________________

______________________________________________

______________________________________________

## 七、写作训练

**阅读下面的一段话后，给小王写一封600字左右的信，谈谈你对代沟的理解。**

小王认为自己的父母特别啰嗦，整天让他这样那样的，烦死了。他也不喜欢长辈们的观点、生活方式等。因为长辈们成长时的年代、生活背景与自己大不相同，他无法按照长辈们的习惯来生活。他现在每天都不想回家，回到家也是把自己关在房间里上网玩游戏。父母也不知道怎么跟他沟通。

## 扩展与实践

1. 汉语里关于时间方面的词句最常用的有"差不多、还行、基本上那时间吧、快了"等。如果与人相约，中国人最习惯的说法就是"上午吧、下午吧、晚上吧、明天吧"等。听到这样的回答，你会怎么说？怎么做？

2. 你与父母在哪些方面意见不一致？最大的不同是什么？你觉得谁的意见正确？

3. 上网查查"虎妈""鹰爸""狼爸"的故事，说说你父母的教育方法是怎么样的。谈谈你对他们的看法。

4. 辩论：

辩题：父母应该帮子女带孩子 VS. 父母不应该帮子女带孩子。

# 第二课　广州记

## 课前热身

当我们写风景的时候，怎么让读者通过你的文字“看到”景物呢？下面几段话给了我们一些启示。

1. 我看见过波澜壮阔(bōlánzhuàngkuò)的大海，欣赏过水平如镜的西湖，却从没看见过漓江这样的水。漓江的水真静啊，静得让你感觉不到它在流动；漓江的水真清啊，清得可以看见江底的沙石；漓江的水真绿啊，绿得仿佛那是一块纯净的翡翠(fěicuì)。船桨(jiǎng)激起的微波扩散出一道道水纹，才让你感觉到船在前进，岸在后移。

（节选自陈淼：《桂林山水甲天下》，有删改）

问：这段话写了漓江的哪几个方面？

2. 有的石头像莲花瓣(bàn)，有的像大象头，有的像老人，有的像卧虎，有的像桥墩，有的站立如柱，有的侧身看海，有的怒目相望。有的什么也不像，黑忽忽的，一动不动，堵住你的去路。

（节选自李健吾：《雨中登泰山》）

请发挥想象，模仿上面写石头的方法写一写：有的云像____________，有的像______________，有的像___________，有的______________，有的_________，有的________________________________。

3. 秦淮河里的船，比北京万牲园颐和园的船好，比西湖的船好，比扬州瘦西湖的船也好。这几处的船不是觉着笨，就是觉着简陋、局促；都不能像秦淮河的船一样引起乘客们的兴致。秦淮河的船约略可分为两种：一是大船；一是小船，就是所谓“七板子”。

（节选自朱自清：《桨声灯影里的秦淮河》）

问：这段写了几个地方的船？真正想写的是哪里的船？

## 课文

广州真是个好玩儿的地方。我上次去广州还是 2006 年，转眼八年了，真快。

整整七天，我就住在沙面——从前的租界。殖(zhí)民统治时期各国的领事馆，比外滩的房子还**洋气**[1]：红的、绿的、黄的……路边的榕(róng)树*都有上百年了，**纵横交错**[2]的须子与根**纠缠**[3]在一起，像一个有趣的老头，老了，但仍然有趣味。

榕树：

白天我去广州的老街老巷转，晚上再回沙面喝咖啡、散步，与**本地**[4]人聊聊天儿。那些住在沙面的人遛狗，我们在**参天**[5]古树下走着，榕树的须子缠住我的长裙。

已是 11 月，北方已飘雪，广州依然 25℃，桂花香**扑鼻**[6]而来，广玉兰的大叶子神神秘秘，月亮升上来，星星落在肩上。

广州的精彩是从早茶开始的。广式早茶太有名了，说说都要流口水：豉(chǐ)汁排骨、红豆桂花糕、云吞面、皮蛋瘦肉粥、双皮奶……**成千上万**[7]种，不在广州住上一年是吃不完的，就是*住上一年，也吃不过来，广州人太会吃了。

就是：即使、就算。

沙面附近的好几家店早茶都很好，每次去都**人头攒动**[8]，以广州本地人**居多**[9]，以老人居多。**晨练**[10]完之后，约上三五人喝早茶，大多是老朋友，点一份虾饺、一碗菜粥，茶有大红袍(páo)、普洱(ěr)、铁观音……

我每次都要普洱。滚水**沏**[11]了，先喝茶再点餐。我爱吃马蹄(tí)*糕，据说对眼睛极好。肠粉也好，白如雪、薄如

马蹄：

纸，又嫩又滑。虾饺更好，水晶一样，一咬全是虾仁。甜点是蛋挞(tà)，再要个双皮奶……早茶持续到下午两点半，然后又是下午茶、晚餐、**宵夜**[12]。我怀疑广州人 24 小时全在吃东西，而且把世界上能吃的东西全都做成美食吃了。

在那些公园和街巷里，到处有唱粤剧的人。有时是一个人，对着树唱，仿佛树听得懂似的*。还有两个老阿姨，在老榕树下唱粤剧。都有七十岁了，顶着一头白发，**深情款款**[13]地看着对方唱。我就坐在榕树下听。

仿佛……似的：好像……一样。

又去西关***游荡**[14]。小吃一条街，吃了酸奶、红豆沙，坐在塑料椅子上看花儿。广州的花儿真多，很多人家屋子的窗台都种着花，三角梅居多，也有木棉花、杜鹃花、桂花、玉兰……卖花的人也多，春节时有花市，家家买金橘，意味着来年大吉大利。西关老街很多的老人平时只说粤语，听我说普通话的时候有点**直愣愣**[15]的。我指指点点，要了一碗粥，又要了酸梅汤，**悠闲**[16]地走在老建筑和教堂里。

西关：广州荔湾区大部分地域，也是著名的美食之地，有“食在广州，味在西关”的说法。

吃了潮汕*菜，看了广州博物馆的潮汕老房子和潮汕木雕(diāo)，觉得潮汕地区很有意思，老房子**仍旧**[17]保持着宋朝*以来*的古老**气息**[18]，我便计划着去潮汕了，语言不懂没关系，有**眼神**[19]，而且，还能**比划**[20]呢。

潮汕：主要指潮州、揭阳、汕头、汕尾一带。

宋朝：中国封建王朝，分为北宋和南宋，960—1279 年。

……以来：2 月以来、2000 年以来；开学以来、到广州以来。

还去了上下九*闲逛。那些骑楼*建筑真好，下了雨可以在廊下走，慢慢逛。上下九在多年前相当于“香港”两个字，洋气得不得了。附近有批发市场，简直**万人空巷**[21]，仿佛每寸空气全是钱。拉货车的小伙子永远在跑着，大小包裹被扛在肩上放入车里运往全国各地。街边小吃店 24 小时在炒河粉。教堂安静**矗立**[22]，**注视**[23]着这三

上下九：在广州荔湾区，是广州三大传统繁荣商业中心之一。

骑楼：

十年来的**热火朝天**[24]。

当然要去珠江新城。新得那么**光芒四射**[25]。广东省博物馆、广州图书馆、广州大剧院、海心沙、广州东塔、广州西塔、花城广场……风情**各异**[26]的建筑，设计独特、**别致**[27]，新城新得彻底而华丽。我在新城喝咖啡，又要了一款新鲜**出炉**[28]的面包。窗外是**车水马龙**[29]，高楼耸立。到底是广州。

"到底是广州"是什么意思？

广州如果是一出戏的话，**压轴**[30]的便是夜游珠江。如果是一首曲子，高潮就在夜游珠江了。上了游轮*，夜色中的珠江两岸一片灯火。老建筑与新建筑**交相辉映**[31]，珠江的风吹起头发，粤剧在深情地唱着，霓虹（ní hóng）灯闪得迷人，让人**陶醉**[32]。

游轮：

回到北方后我开始**煲**[33]汤了，随便几片青菜叶子或者骨头便让我煲成了汤。有一天我走在街上，看到有一家小店写着"广式小吃"。我走进去，点了一个双皮奶，一个萝卜糕，不是那个味儿。有些东西，只有在本地吃才有那个味儿。

是夜*，我梦见广州。在沙面的榕树下点了老火白粥和马蹄糕，吃得口水都流了出来。________________，________________，__________________。

是夜：这一夜。

请你接着写几句话，作为文章的结尾。

（选自雪小禅：《在薄情的世界里深情地活着》，有删改）

**作者简介：**

雪小禅，知名文化学者，中国作协会员，《读者》杂志签约作家之一。出版小说及随笔集50余本，其作品多次入选中学课本和课外推荐读物。曾任教于中国戏曲学院，近年来在国内许多重点大学做艺术及戏曲讲座。

## 生词

1. 洋气　yáng · qì　（形容词）　带洋气的或现代的感觉。

很～　打扮～

例：在很多人眼中，上海是一座洋气的城市。

她的穿着打扮十分洋气。

2. 纵横交错　zònghéng-jiāocuò　（成语）　横的竖的交叉在一起。形容事物或情况十分复杂。

例：中国东部地区交通发达，公路铁路纵横交错。

从飞机上往下看，一座座山连在一起，河流纵横交错，满眼都是绿色。

3. 纠缠　jiūchán　（动词）

①交互缠绕。

～不清　相互～

例：这两棵榕树的根纠缠在一起。

②烦扰，搅扰。

不敢～　不多作～

例：我们俩不可能成为恋人，请你不要再来纠缠我了。

4. 本地　běndì　（名词）　本乡，当地。

～人　～文化　～风俗

例：对本地文化的研究近年来得到了重视。

5. 参天　cāntiān　（动词）　（树木等）高耸在天空中。

～大树

例：几十年过去了，我出生那年爷爷种的小树已经长成参天大树了。

这里古树参天，四周有河水流过，环境非常舒适。

6. 扑鼻　pūbí　（动词）　（气味）直扑鼻孔，形容气味浓烈。

花香～　～而来

例：阳台上的茉莉花散发出扑鼻的香味。

每次经过那个路口，臭豆腐的味道就扑鼻而来。

7. 成千上万　chéngqiān-shàngwàn　（成语）　形容数量极多，要用千、万来计算。

例：每天到故宫游览的人成千上万。

成千上万的人因为洪水失去了家园。

8. 人头攒动　réntóu-cuándòng　（成语）　形容人很多，拥挤着移动。

例：广场上人头攒动，都在等待新年的到来。

这家邮局平时人不多，每到过年就人头攒动。

9. 居多　jūduō　（动词）　占多数。

以……～

例：他们班里，喜欢吃米饭的人居多，喜欢吃面的人较少。

这个时间来商场逛的以老年人居多，年轻人都在上班。

10. 晨练　chénliàn　（动词）　早晨时进行锻炼。

例：这座公园是我们休息晨练的最佳场所。

尽管这两天下大雪，同学们还是坚持晨练。

11. 沏　qī　（动词）　用沸水冲、泡。

～茶

例：小美，你去给陈阿姨沏一杯茶。

12. 宵夜　xiāoyè　（名词）　通常叫“夜宵”，夜里吃的小食、点心。

吃～

例：演出结束后，导演请大家去吃宵夜。

他天天吃宵夜，结果吃出胃病了。

13. 深情款款　shēnqíng-kuǎnkuǎn　（成语）　满含着诚挚的深情。

例：他们深情款款地看着对方，不愿离开。

我抱着一束玫瑰花，深情款款地为她歌唱。

14. 游荡　yóudàng　（动词）　闲游放荡；游逛。

四处～　在外～

例：这几个人进入小区后四处游荡，不像是这里的住户。

他从来都不工作，成天在外游荡。

15. 直愣愣 zhílèngléng （形容词） 指目光呆滞地盯着看。

例：她直愣愣地望着我，这让我感到害怕。

孩子失踪三天了，一点消息也没有，她的眼神变得直愣愣的。

16. 悠闲 yōuxián （形容词） 悠然，自在，闲适。

神态～ 生活～

例：他走在古老的街道上，神态很悠闲。

退休以后，他在乡村里过着悠闲的生活。

17. 仍旧 réngjiù （副词） 仍然。表示情况持续不变。

例：几年不见，她仍旧是那样美丽。

他买彩票中了大奖以后，仍旧过着节俭的生活。

18. 气息 qìxī （名词） 气味，味道。

乡土～ 南方～

例：三月的田野充满了春天的气息。

我喜欢和年轻人在一起工作，感受他们青春的气息。

19. 眼神 yǎnshén （名词）

①眼睛的神态。

交换～ 异样的～

例：她的眼神里充满了忧伤。

他们通过交换眼神明白了对方的想法。

②视力。

～儿

例：妈妈现在的眼神儿不好，你要好好照顾她。

20. 比划 bǐ·hua （动词） 用手做出动作来帮助说话以让对方明白。

用手～ 不停～

例：因为语言不通，为了让对方明白，他一直用手不停地比划。

他热心地给老奶奶指路，一边说一边用手比划。

21. 万人空巷 wànrén-kōngxiàng （成语） 家家户户的人都从巷子里出来。形容庆祝时的热闹场面。

例：电视里传来足球队夺冠的消息，一时万人空巷。

喜讯传来，北京城万人空巷，人们都走上街头，在广场举行庆祝游行。

22. 矗立 chùlì （动词） 高大而笔直地挺立，多形容建筑物。

高高～ ～在江边

例：一座木塔矗立在半山腰。

广场的周围矗立着一座座高楼大厦。

23. 注视 zhùshì （动词） 注意地看，集中视线看。

～前方 ～远方

例：照片上的两个人深情注视，甜蜜极了。

我注视着她，她的目光注视着远方。

24. 热火朝天 rèhuǒ-cháotiān （成语） 形容情绪热烈、气氛高涨，就像炽热的火焰燃烧一样。

例：建筑工地上，工人们干得热火朝天。

青岛的夏天，深夜的啤酒街仍旧热火朝天。

25. 光芒四射 guāngmáng-sìshè （成语） 强烈的光线射向四面八方。

例：太阳升起来了，光芒四射。

大家都认为她会成为一名光芒四射的歌星。

26. 各异 gèyì （形容词） 各不相同。

形态～ 色彩～ 性格～

例：天上的云形态各异。

老匠人捏出来的面人神态各异。

27. 别致 biézhì （形容词） 新奇独特的，与众不同的。

造型～ 风景～

例：生日那天，哥哥送给我一盏造型别致的小台灯。

这座别致的小房子是用石头砌成的。

28. 出炉 chū // lú （动词）

①取出炉内烘烤的东西。

刚刚～ 新鲜～ 最新～

例：这是刚出炉的面包。

②比喻新事物产生、出现。

例：新鲜出炉的各地平均工资排名引起了网友们的热议。

29. 车水马龙 chēshuǐ-mǎlóng （成语） 车像流水，马像游龙。形容来往车马很多、连续不断的热闹情景。

例：中山路从早到晚都是车水马龙。

在乡下待久了，她开始怀念车水马龙的城市生活。

30. 压轴 yāzhòu （名词） 现在多指一场演出排在最后的较精彩的节目。

~戏 ~题 ~节目

例：他们在活动开幕式的压轴戏中担当主要角色。

《难忘今宵》是每年春晚的压轴歌曲。

31. 交相辉映 jiāoxiānghuīyìng （成语） 各种光亮、色彩等互相映照，多用于形容美好的景象。

例：两岸的灯火交相辉映，风景比白天更迷人。

桂林的山和水交相辉映，就像一幅画。

32. 陶醉 táozuì （动词） 沉醉，沉浸（在某种境界或思想活动中）。

自我~ 使人~

例：河岸上鲜花盛开了，美丽的景色使人陶醉。

她那美妙的歌声令现场所有观众陶醉不已。

33. 煲 bāo

①（动词） 用煲煮或熬。

~汤 ~粥

例：广州人喜爱煲汤，尤其是用心煲出的老火汤。

妈妈感冒了，胃口不好，我想煲粥给她做早餐，吃一点粥对身体有好处。

②（名词） 壁较为陡直的锅。

瓦~ 电饭~

例：我们家有一个瓦煲，已经用了几十年了。

为了方便妈妈做饭，爸爸今天买了一个电饭煲。

**课文中出现的部分广州特色小吃**

| 名称 | 图片 | 味道 | 主要成分 | 说明 |
|---|---|---|---|---|
| 豉汁排骨 |  | 咸、香 | 黄豆、猪排 | 制作豉汁常常用豆豉，豆豉是一种豆制品调味料，一般用黑豆或黄豆发酵分解到一定程度时，加盐、酒等制成 |
| 红豆桂花糕 |  | 甜 | 糯米粉、粳米粉、白糖、红豆、桂花 | 红豆和桂花是深受人们喜爱的食材。红豆桂花糕也称桂花红豆糕 |
| 云吞面 |  | 咸、鲜 | 云吞、面条 | 广东的云吞里面一般有猪肉和虾仁，面一般是含有鸭蛋的竹升面 |
| 双皮奶 | 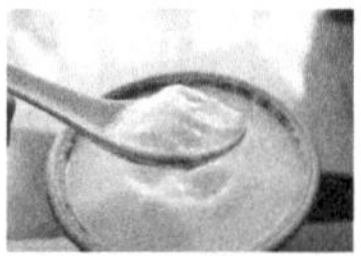 | 香甜、嫩滑 | 水牛奶或者普通牛奶、鸡蛋清、白糖 | 双皮奶是一种粤式甜品，现遍布于广东、澳门、香港等地 |
| 马蹄糕 | 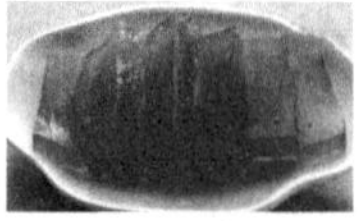 | 甜 | 马蹄、糖 | 马蹄又称荸荠，马蹄糕是广东地区传统名点，因为用马蹄粉制作而得名 |
| 肠粉 |  | 咸、鲜 | 大米、各种青菜和肉类、调味汁 | 肠粉是广州茶楼、酒家早茶夜市的必备之品，同时也是很多市民早餐的必选之品。酱汁一般是酱油加上花生油或猪油 |
| 虾饺 |  | 咸、甜、鲜 | 虾仁、猪油、面粉、猪肉等 | 虾饺的皮儿和饺子不同，看起来有些透明，所以也叫水晶虾饺，是传统粤式茶楼点心之一 |

（续上表）

| 名称 | 图片 | 味道 | 主要成分 | 说明 |
|---|---|---|---|---|
| 蛋挞 |  | 香甜松软 | 糖、蛋、奶油、牛奶等 | “挞”是英文“tart”的音译，台湾称其为蛋塔 |
| 萝卜糕 |  | 咸、甜 | 萝卜、黏米粉 | 萝卜糕是粤港茶楼的人气点心，里面除了萝卜外，往往还会有虾米、肉粒儿 |

## 文化点滴

# （一） 汉语中和饮食有关的文化词汇

在汉语中，由“吃”引申出大量与“吃”有关的词语，可以说，饮食文化与汉语有着非常密切的关系。譬如，把从事什么职业说成吃什么饭：文人叫“吃笔杆子饭”；男人没有正当职业、靠女人为生的叫“吃软饭”。

还有，受了惊吓叫“吃惊”，经受困难叫“吃苦”，力不从心叫“吃力”，受了损失叫“吃亏”，占了便宜叫“吃了甜头”，被人打了耳光则叫“吃巴掌”，被人告上法庭惹上官司则叫“吃官司”，有东西自己一人享用，不给别人吃，则叫“吃独食”。除此以外，汉语中还有许多与吃有关的成语和俗语，例如：

1.【饥不择食】

人在饥饿的时候，不会考虑食物的好坏。也引申指在某方面因需求急迫而不加以选择。

例：虽然一直没找到工作，但他想自己还没到饥不择食的地步，所以一些工资较低的工作，他一概不予考虑。

2.【脍炙人口】

脍：kuài，切细的肉；炙：zhì，烤熟的肉。两者都是人们爱吃的食物。故该成语意为美味人人爱吃，比喻好的诗文或事物，人们都津津乐道，广为称赞和传诵。

例：《唐诗三百首》千百年来一直脍炙人口，深受人们的喜爱。

3. 【津津有味】

津津：兴趣浓厚的样子。指吃得很有味道或听得很有兴趣。

例：故事太精彩了，孩子们都听得津津有味，甚至没有听到下课的铃声。

那个小孩第一次吃麦当劳，吃得津津有味，满嘴满脸都是油。

4. 【因噎废食】

因为有人吃饭噎住了，索性连饭也不吃了。比喻要做的事情由于出了点小毛病或怕出问题就索性不去干。

例：因为体育锻炼中伤亡事故频发，多个地方的中小学纷纷取消长跑、铅球等“危险”的体育项目，这是典型的“因噎废食”。

5. 【坐吃山空】

指光消费而不从事生产，即使财产堆积如山，也会吃光用尽。

例：你不能坐吃山空，要出去找份工作，要不然，你父母的这点儿遗产早晚会耗尽的。

6. 【自食其果】

贬义词。自己承受自己做过的坏事所带来的后果。近义词：自作自受。

例：你不好好工作，天天迟到，现在被老板炒了鱿鱼，这是自食其果。

7. 【吃错药】

吃的药和患的病不符合，形容一个人的表现不正常，或说话办事有违常理。

例：你没吃错药吧？你们两个才认识几天就要结婚？

8. 【靠山吃山，靠水吃水】

靠：挨近。吃：指依靠它来维持生活。意思是靠近山，就靠山来生活；靠近水，就依靠水来生活。比喻要靠着某人或某物来生活，也多用来指要善于依靠和利用周围的好条件、好资源。

例：常言道：“靠山吃山，靠水吃水。”我们一定要妥善利用和保护我们的自然美景，牢记“绿水青山，就是金山银山”这一生态环保理念。

## 【思考与练习】

请你再读读下面的语句，你知道它们的意思吗？

1. 她又吃醋了，真是个“醋坛子”。

2. 我们约好明天去喝小李的喜酒/小李儿子的满月酒。

3. 朋友知道他要追莎莎，都笑他是“癞蛤蟆想吃天鹅肉”。

4. 他这个人是典型的“刀子嘴豆腐心”。

5. 你那“吃着碗里，看着锅里”的心思，以为我不知道？

6. 他这么说，明显是“醉翁之意不在酒”啊。

7. 茶要倒得浅一点儿，“茶七饭八酒满盅”，这是规矩。

8. 你可别“敬酒不吃吃罚酒”，你的事我们已经查得清清楚楚。

9. 我办事有个原则，就是“一碗水端平”。

10. 薪水应当按照“多劳多得”的原则发放，不能“吃大锅饭”。

11. 周末去老王家，忘了提前打个电话告知他，结果吃了“闭门羹”。

12. 茶是待客之物，俗语说，“寒夜客来茶代酒”，“宾主落座，吃茶讲话”。

13. 茶在婚俗中也有非常重要的象征意义。“下茶”就是“订婚”。俗语说，“一女不吃两家茶”，这与“一女不许两家男”的意思相同。

## （二） 中国餐桌礼仪

1. 餐桌座次

总的来讲，座次是“尚左尊东”“面朝大门为尊”。若是圆桌，则正对大门的为主位，主位左右两边的位置，则以与主位的距离为标准，越靠近主位位置越尊，相同距离则左侧尊于右侧。若为方桌，则正对大门一侧的右位为主位。如果不正对大门，则面东的一侧右席为首席。一般来说，如果你的老板出席的话，你应该将老板引至主座，请最高级别的客户坐在主座左侧位置，除非这次招待对象的领导级别非常高。

2. 点菜规则

如果时间允许，你应该等大多数客人到齐之后，拿菜单给客人传阅，并请他们来点菜。当然，如果担心超出预算，就一定要选择档次合适的请客地点，一般来说，如果是你来买单，客人会让你来做主。如果你的老板也在酒席上，除非是他主动要求，否则千万不要让他/她来点菜。

如果你是客人，就不要在点菜时太过主动，而是要让主人来点菜。如果对方盛情要求，你可以点一个不太贵、又不是大家忌口的菜。

点菜的时候，按照人数一人一菜是比较通用的规则，也可根据客人情况和饭菜分量适当加减，但一般都是点双数；菜肴的组合最好是有荤有素，有冷有热，可以优先考虑有当地特色的菜或者餐馆的特色菜。如果客人中有吃素的，可以给他单独点一份素食，也可以去专门的素食餐厅。需要注意的是，点菜时不应该问服务员菜肴的价格，或是讨价还价，这样会让客人觉得不自在。

3. 吃菜礼仪

客人入席后，不要立即动手取食，而应待主人打招呼，由主人举杯示意开始时，客人才能开始。夹菜要文明，应等菜肴转到自己面前时，再动筷子，不要抢在邻座前面，夹菜也不宜一次过多，更不能搅菜或在菜盘里挑来挑去。

进餐过程中不要玩弄碗筷，或用筷子指向别人，更不能把筷子插在碗里，吃饭也不能咬着筷子。吃饭时，要适时地和左右的人聊几句风趣的话，以调节气氛，不要只低着头吃饭，不管别人；进餐时要闭嘴咀嚼，细嚼慢咽，嘴里不要发出“叭叭”“呱叽呱叽”的声音。另外，口含食物时，最好不要与别人交谈。

招待客人饮食的时候，要注意“茶七饭八酒满盅”的习俗，茶杯不要倒满，因为茶水太烫，“茶满欺人”；但酒杯一定要倒满，“酒满敬人”。另外，在吃饭时，可以劝别人多吃一些，或是建议品尝某道菜肴，但一般不要用自己的筷子为别人夹菜，这样做不仅不卫生，而且还会让对方为难。

4. 提前离席

如果是人数较多的宴席，你要提前离开，不用和餐桌上的每一个人一一告别，只要悄悄地和身边的两三个人打个招呼，然后离去便可。一定要向邀请你来的主人说明、致歉，和主人打过招呼，应该马上就走，不要拉着主人说很久。

还有些人参加酒会、茶会，当中途准备离去时，会一一问认识的人要不要一块儿走。结果本来热热闹闹的场面，一下子提前散场了，这会让主人非常尴尬，千万不要犯这种错误。

5. 餐桌禁忌

在中式宴席上，一般都是一道菜紧接着一道菜地上桌，从而把桌子摆得满满当当，一般认为这样才算热闹丰盛。当客人尚未起身离席时，各地一般都禁忌收拾餐具。因为如果去收拾餐具，那无异于赶客离席。即使是只收拾自己的，也不太合适，因为这又好像是在催促未吃饱的其他人。此外，当主人问客人是否还需要米饭时，一般忌讳问“还要饭吗”，因为乞丐在民间又被称为“要饭的”，可以问对方“还添饭吗”。

另外，餐饮食具方面的禁忌也很多。比如，忌讳吃饭前用筷子敲空碗，俗以为“穷气”，因为旧时乞丐要饭时才会这样敲。而且，吃饭时拿碗的手势一般是用五指自然捧着碗，忌讳用手掌平托碗底，更忌讳用手攥着碗边，因为这些都是“丐帮”之相。

**【思考与练习】**

1. 请根据短文中的语境，猜测下列画线词语的意思。

尚左尊东　忌口　有荤有素　咀嚼　细嚼慢咽　穷气　攥　丐帮

2. 你还知道中国有哪些餐桌礼仪吗？比如说宴会上饮酒时都有哪些礼仪？

3. 除文章中所列举的餐桌禁忌外，你还知道哪些餐桌禁忌？

4. 请查找一些资料，了解一下在饮食文化方面中国与其他国家的差异，并在课堂上讨论一下，探讨中外饮食文化差异形成的原因。

## 练习

### 一、成语填空

纵横（　）（　）　（　）千（　）万　人头（　）（　）

（　）（　）空巷　热（　）（　）天　光（　）（　）射

车（　）马（　）　（　）（　）辉映

### 二、选词填空

众多　犹豫　扑　枚　成千上万　气味　疑心　仍旧

居多　纠结　冲　款　人头攒动　气息　怀疑　依旧

1. 你又骗我！我（　　）你有没有跟我说过一句真话！

2. 看到孩子这么喜欢小提琴，妈妈毫不（　　）地买了一把。

3. 继续深造还是接受这份看起来还不错的工作，这事让他（　　）了很长时间。

4. 这么多年过去了，家乡（　　　　）是我经常梦到的地方。
5. 他总说要戒烟，但是几年过去了，还是（　　　　）。
6. 这个人（　　　　）太重，别人随便说一句他就想半天，太累了。
7. 即使在淡季，每天去故宫参观的游客也都有（　　　　）。
8. 每天下班回到家，狗狗一听到我的脚步声就（　　　　）过来让我抱抱。
9. 旅行前忘了把垃圾桶倒干净，一回家就闻到刺鼻的（　　　　）。
10. 银行快要下班时，忽然几个戴着头套的人（　　　　）了进来！
11. 一到周末，北京路上（　　　　），购物的、旅游的、拍照的都有。
12. 这（　　　　）戒指是我们这个月的明星产品，卖得相当好。
13. 他已经结婚了，我看见他无名指上戴着一（　　　　）戒指。
14. 又是六月，校园里充满了毕业离别的（　　　　）。
15. 由于报名的人数（　　　　），我们的比赛将分两天进行。
16. 这里租房的以年轻人（　　　　），大部分是刚大学毕业的。

## 三、连线，并造句

| | | |
|---|---|---|
| 直 | 糟糟的 | ________ |
| 气 | 冰冰的 | ________ |
| 绿 | 愣愣的 | 我的声调不好，说话听起来直愣愣的，现在还能改吗？ |
| 冷 | 腾腾的 | ________ |
| 胖 | 呵呵的 | ________ |
| 乱 | 油油的 | ________ |
| 热 | 乎乎的 | ________ |
| 笑 | 哼哼的 | ________ |

## 四、排列句序

1. 正确语序是________

A. 为了减少热量的摄取或储存

B. 元宵节时，可以用无馅汤圆取代有馅汤圆

C. 元宵（汤圆）的热量比较高

D. 或是以运动的方式消耗热量

2. 正确语序是________________

A. 先喝茶再点餐

B. 我爱吃马蹄糕，据说对眼睛极好

C. 我每次都要普洱

D. 滚水沏了

3. 正确语序是________________

A. 压轴的便是夜游珠江

B. 高潮也就在夜游珠江了

C. 如果是一首曲子

D. 广州如果是一出戏的话

4. 正确语序是________________

A. 但酒不能代替另一个人所起的作用

B. 当身体不适、心情烦闷、感到孤独时，最好不要喝酒

C. 固然，酒精的麻醉作用会减轻孤独给人带来的痛苦

D. 总之，切记不要独自喝闷酒

5. 正确语序是________________

A. 这样才能有效地安排教学任务

B. 目的在于了解学生对未来教学活动的准备情况

C. 准备性测验一般在教学开始之前进行

D. 也就是了解他们是否具有完成新的教学任务所必需的知识和技能

## 五、阅读下面的文章，完成后面的练习

①城市的品味是城市的名片，也是城市的品牌。没有品味的城市只能算是建筑物的堆积，无法产生品牌效应。

②城市的品味应当包括城市的历史、城市的文化和城市的个性。

③历史是城市的血脉。城市的历史往往是通过城市的建筑物和历史名人来体现的。英国伦敦有好多保持着古老特色的短街小巷，走在这些街巷里，你除了能找到那些极具特色的房子和店铺外，还会发现许多店铺和住宅的门口都悬挂着有特色的小匾牌，告诉

你哪一位科学家、文学家、艺术家或对历史有杰出贡献的人曾经在这所房子里居住过。法国巴黎也是这样。走在这样的城市里，你就会感觉走进了历史，感受到这座城市深厚的历史底蕴。

④文化是城市的灵魂。走在没有文化内涵的城市道路上，会令人感到乏味，如果在景点建设上赋予丰厚的历史文化内涵，则将相映成趣。杭州西湖的“雷峰塔”和“白娘子”的传说，蕴含着丰富的吴越文化和佛教文化。“绿浪东西南北水，红楼三百九十桥。”美丽的苏州是我国著名的历史文化名城，城中俯拾皆是的黛瓦粉墙、纵横流淌的河水、古朴动人的石桥，错落相辉映，画意更悠然。“上有天堂，下有苏杭。”它们不仅体现了江南丰富的文化内涵，也体现了江南人对精神家园的追求。

⑤个性是城市的眼睛。法国一位地理学家说，城市既是一个景观、一片经济空间、一种人口密度，也是一个生活中心或劳动中心，更具体地说，就是一种气氛、一种特征或者一个灵魂。有个性的城市看一眼就会让你刻骨铭心；没有个性的城市是无法让人留下记忆的。北京的________、上海的________、成都的________、西安的________、厦门的________，说的就是各个城市的气氛和个性。世界上不少个性特征明显的城市还有许许多多独具特色的奇街：意大利威尼斯有一条“古桥街”，列支敦士登公园有一条“地毯街”，扎伊尔的基桑加尼市有一条“象牙街”，奥地利的维也纳有一条“音乐街”……正是这些千奇百怪的街，铸造了这些城市的个性与特色。

⑥城市的历史无法重建，城市的文化依赖积淀，而城市的个性需要建设者的塑造。

1. 请把下面几个词分别填入第五段中的横线。

温馨　悠闲　古朴　奢华　大气

2. 根据第三段的内容，请简单概括出伦敦的两个特点。

3. 你去过的城市里，哪座城市让你觉得很有品味？请简单说一说。

## 六、写作训练

游记就是对旅行的记录，可以记录行程，可以抒发感情，可以发表看法议论，还可以说明一个道理。

你对哪次旅行印象深刻？请写一篇游记，写的时候注意以下几点：

1. 注意写清旅行顺序。

2. 写出当时的感受、想法。

3. 如果写几个景点，要有主有次。

4. 600 字左右。

## 扩展与实践

1. 每座城市都有自己的特色，比如北京以其历史、文化而闻名于世，广州以“花城”和饮食而有名，你还知道中国哪些名城？全班同学列出 3 ~ 6 座城市，然后分组，每组负责介绍一座城市，可以制作成图文材料在教室或校园展示，也可以借助 PPT 等形式给大家讲解，还可以做成视频短片向大家介绍。

2. 本课中出现了很多美食，你来中国后，尝试过哪些食物？请推荐一种美食或者一家有特色的饭店，并说出理由。

3. 50 块钱可以吃得又好又饱吗？试一试用 50 元去吃一顿饭，比一比，看哪位同学用 50 元吃得最好。注意要记录清楚时间、地点和食物的名称、价格、味道等。

4. 虎皮尖椒、鱼香肉丝、老婆饼、蚂蚁上树、夫妻肺片、红烧狮子头……

查一查这些食物里到底有什么？为什么会取这样的名字？你还遇到过什么奇怪的菜名？你觉得这些菜名该怎么翻译和说明呢？

# 第三课　我的一位国文老师

## 课前热身

1. 粗略一看，只见他中等身材，虽年老，却背不驼，很有精神。仔细观察他，只见他留着板寸头，因为年龄的关系，他那黑发中还夹杂着一两根白发。他有着一张黝(yǒu)黑的、刻满皱纹(zhòuwén)的脸，展现了时间在他脸上留下的沧桑(cāngsāng)，但他的双眼仍旧是炯(jiǒng)炯有神的。他或穿西服，或穿夹克，但无论如何打扮，他总给人一种富有精神的感觉，上课时，他也是那么神采飞扬。

（节选自 Class5 - Grade7 的博客文章《第十三周学生写的部分片段》）

问：这段文字都从哪些方面对人物进行了描写？突出了人物的什么特点？

2. 长长的秀发，带着一点儿波浪卷，这自然的发型，给人一种活泼的感觉。五官端正，尤其是眼睛最为亮丽。水汪汪的大眼睛好像随时会掉下眼泪来。浓密而细长的睫(jié)毛，越发衬出她那双大眼睛的明亮。要是谁给她说了个笑话，她定会笑得合不拢嘴。这时，她那双大眼睛便弯成了月牙状，脸颊(jiá)两旁出现了大大的酒窝，再配上白皙(xī)的皮肤，会让人觉得她仿佛是从童话世界里出来的一样。不过，要是谁让她生气，她也不是好惹的。那双眼睛此时瞪得像铜铃那么大，目光深处好像有一团火在燃烧。当她哭的时候，眼泪无声地顺着脸颊滑下，那双大眼睛此时也失去了神采，变得暗淡起来。

（节选自苏州外国语学校语段模型仿写佳作（七），作者：吴梦怡）

问：这段文字给你留下的最深刻的印象是什么？为什么？

3. 老师抱着一台白色的笔记本电脑踩着上课的铃声快步走进了教室，她在讲桌前站定后，就那么静静地站着，带有威严的眼神死死地盯住说闲话的同学，她就那么一动不动仿佛雕塑（diāosù）一般。周围终于归于宁静之后，她才快速打开书本，抛出一个问题后，目光慢慢变得柔和起来，仿佛已经进入了书本描绘的诗情画意中。

（节选自苏州外国语学校语段模型仿写佳作（九），作者：钱思怡）

问：跟前面两段文字相比，这段文字在描写上有什么特点？请找出描写人物动作的词语。

## 课文

我在十八九岁的时候，遇见一位国文*先生*，他给我的印象最深，使我受益也最多，我至今不能忘记他。先生姓徐，我们给他起的绰号（chuò）*是“徐老虎”，因为他凶。他的相貌很**古怪**[1]，他的脑袋的**轮廓**[2]是有棱（léng）有角*的，很容易成为漫画的对象。

头很尖，秃秃的，亮亮的，脸形却是方方的，扁扁的。他的鼻子、眼睛、嘴好像是过分地集中在脸上很小的一块**区域**[3]里。他戴一副眼镜，银丝小镜框，镜片是黑色的，这两块黑色便成了他脸上最**显著**[4]的特征。我常给他画漫画，**勾**[5]一个轮廓，中间点上两块椭（tuǒ）圆形的黑块，便**惟妙惟肖**[6]。他的身材高大，但是两肩总是耸得高高的，鼻尖有一些红，像酒糟似的，鼻孔里常藏着鼻涕，不时地吸溜着，说一两句话就要用力地吸溜一声，**有板有眼**[7]有节奏。

他常穿的是一件灰布长袍，我看见那袍子的时候已

国文：旧时指中小学等的语文课。

先生：老师。

绰号：外号。　例：因为他做事情特别粗心，我们给他起了个绰号叫“小马虎”。

棱角：物体上两个平面相交而形成的尖角。

有～有～：有棱有角，有声有色，有模有样，有说有笑。

经是油渍*斑斑了。他经常是仰着头，迈着八字步，两眼望着青天。我很难得看见他笑，如果笑起来，是**狞笑**[8]，样子更凶。

油渍：粘在衣物等上的油点子。另有汗渍、血渍、墨渍、污渍等。

先生外貌最大的特点是什么？

（向海雪绘）

我的学校是很特殊的。上午的课全是用英语讲授，下午的课全是国语讲授。上午的课很严，三日一问，五日一考，不用功便被**淘汰**[9]，下午的课却很松，成绩与毕业无关。所以每到下午上国文之类的课程，学生们便不**踊跃**[10]，课堂上常是**稀稀拉拉**[11]的不大上座*，但教师用拿毛笔的姿势举着铅笔点名的时候，学生却一个个都到了，因为一个学生不只答一声“到”。真到了的学生，一部分只是午睡，微发鼾(hān)声*，一部分则看起了小说，一部分写着家书，一部分干脆瞪着大眼发呆，**神游**[12]四方。国文先生呢，大部分都是年高有德*的，不是榜眼*、就是探花*，再不就是举人*。他们授课不过是**照本宣科**[13]，**敷衍了事**[14]。在这种糟糕的情形之下，徐老先

上座：也作上座儿。指戏院、饭馆等处有顾客到来。

鼾声：入睡后发出的呼吸粗鸣声，俗称“打呼噜”。

年高有德：年纪大，品德好。

榜眼、探花：均指科举时代的一种称号，分别为明清两代殿试考取第一等第二名和第三名的人。

举人：明清两代称乡试考取的人。

生之所以凶，老是绷(běng)着脸，老是开口就骂人，我想大概是由于正当防卫*吧。

有一天，先生大概是多喝了两盅，摇摇摆摆地进了课堂。这一堂是作文，他老先生拿起粉笔在黑板上写了两个字，题目**尚未**[15]写完，当然照例*要吸溜一下鼻涕，就在这吸溜之际，一位性急的同学发问了："这题目怎样讲呀？"老先生转过身来，**冷笑**[16]两声，**勃然大怒**[17]："题目还没有写完，写完了当然还要讲，没写完你为什么就要问？……"**滔滔不绝**[18]地吼叫起来，大家都为之愕然*。这时候我可按捺(nà)*不住了。我一向是个上午**捣乱**[19]下午**安分**[20]的学生，觉得同学现在受了无理的**侮辱**[21]，便**挺身**[22]**分辩**[23]了几句。这一下我可惹了祸，老先生把他的怒火都泼在我的头上了。他在讲台上来回地踱(duó)*着，吸溜一下鼻涕，骂我一句，足足骂了我一个钟头，其中"**警句**[24]"甚多，我至今还记得这样的一句：你是什么东西？我一眼把你望到底！这一句颇为同学们所***传诵**[25]。谁和我有点争论遇到纠缠不清的时候，都会引用这一句："你是什么东西？我一眼把你望到底！"当时我看形势不妙，也就没有再多说，让下课铃结束了先生的怒骂。

但是从这一次起，徐先生算是认识我了。酒醒之后，他给我批改作文特别**详尽**[26]。批改之不足，还特别地当面加以解释，我这一个"一眼望到底"的学生，居然成为一个受益最多的学生了。

徐先生自己编写教材，有古文*，有白话*，印好后

防卫：防御和保卫。

请从本段中找出描写先生外貌的词语。

照例：按照惯例；按照常情。例：春节～放假七天。

愕然：吃惊。

按捺：控制。

踱：慢步行走。　～来～去

为……所……：被动格式。

请找出描写先生生气时的动作和神态的词语。

从先生生气骂人这件事可以看出先生有着怎样的性格？

古文：1919 年以前的文言文的统称。

白话：指现代汉语（普通话）的书面形式。

发给大家。这样新旧兼收的教材，在当时还是很难得的榜样。我对于国文的兴趣因此提高了不少。徐先生讲国文之前，先要介绍作者，而且介绍得很亲切，徐先生在介绍作者之后，便会朗诵全文一遍。这一遍朗诵可有意思了。他打着江北的**官腔**[27]，一字一句地大声读一遍，不论是古文或白话，**一丝不苟**[28]地**吟咏**[29]一番，好像是演员在背**台词**[30]，他把文字里的**蕴藏**[31]着的意义好像都给**宣泄**[32]出来了。他念得有腔有调，有板有眼，有情感，有**气势**[33]，**抑扬顿挫**[34]。我们听了之后，好像是已经领会到原文的意义的一半了。

先生最独到的地方是什么？有何独到之处？

洋洋：形容众多或丰盛。　～万言　～大观

徐先生最**独到**[35]的地方是改作文。普通的批语他是不用的，他最擅长的是用毛笔大勾大抹，一行一行地抹，整页整页地勾；洋洋*千余言的文章，经他勾抹之后，所剩无几了。我初次经此打击，很灰心，我搜肠刮肚地好容易写出来的句子，轻轻地被他几笔就给抹了。但是他郑重地给我解释一会儿，他说：“你拿去细细地体会，你的原文是软爬爬的，**冗长**[36]，我给你勾去了一大半，你再读读看，原来的意思并没有失掉，但是笔笔都立起来*了，虎虎有生气*了。”我仔细一**揣摩**[37]，果然。他的笔迹所到之处，把可有可无的地方全削去了，剩下的全是筋骨。在这删削之间见出他的功夫。如果我以后写文章还能不多说废话，还能有一点点硬朗**挺拔**[38]之气，还知道一点“**割爱**[39]”的道理，就不能不**归功**[40]于我这位老师的**教诲**[41]。

笔笔立起来：指经先生修改之后的文章重点突出，意思鲜明。

虎虎有生气：指经先生修改后的文章语言表达上更加简明、生动，富有生命力。

先生在他的删削之间教会了“我”什么？

先生对于作文的技巧有何看法？

忌：认为不适宜而避免。　～嘴/口　～生冷

徐先生教我许多写文章的技巧。他告诉我：“写文章忌(jì)*用过多的虚字。”该转的地方，硬转；该接的地方，硬接。文章便显得朴拙而有力。他告诉我，文章的

起笔最难，要**开门见山**[42]，要**一针见血**[43]，才能**引人入胜**[44]，不必**兜圈子**[45]，不必说套语。他又告诉我，说理说至难解难分处，来一个譬喻*，则一切纠缠不清的难题都**迎刃而解**[46]了。**诸如此类**[47]的心得，他**传授**[48]我不少，我至今**受用**[49]。

譬喻：比喻。

我离开先生已将近五十年了，未曾与先生一通音讯，听说他早已仙逝了。同学们偶尔还谈起“徐老虎”，我在回忆他的**音容**[50]之余，不禁还怀着**怅惘**[51]**敬慕**[52]之意。

（选自梁实秋：《我的一位国文老师》，有改动）

读完全文，你觉得先生是一位怎样的人？

**作者简介：**

梁实秋（1903—1987），中国著名的散文家、学者、文学批评家、翻译家，国内第一个研究莎士比亚的权威。一生给中国文坛留下了两千多万字的著作，其散文集创造了中国现代散文著作出版的最高纪录。《我的一位国文老师》是梁实秋散文中写人的名篇，作者用风趣幽默而又饱含深情的笔调刻画了一个貌丑性凶却敬业爱生的独特的教师形象。

## 生词

1. 古怪　gǔguài　（形容词）　奇怪。

稀奇～

例：我做了一个古怪的梦。

　　这个老太太脾气古怪。

2. 轮廓　lúnkuò　（名词）

①构成图形或物体的外缘的线条。

例：他画出了一个人体的轮廓。

城楼在月光下显出朦胧的轮廓。

②（事情的）概况。

例：这件事情我只知道个轮廓，详情并不清楚。

3. 区域　qūyù　（名词）　地区范围。

公共～　办公～

例：天河区是广州人口密集的区域。

这个饭店的公共区域禁止抽烟。

4. 显著　xiǎnzhù　（形容词）　非常明显。

～提高　～变化　效果～

例：经过一年的学习，他的汉语水平显著提高。

东西方文化有着显著的差异。

5. 勾　gōu　（动词）

①画出形象的边缘；描画。

例：他几笔就勾出了一个人的样子。

②用笔画出钩形符号，表示删除或截取。

例：我好不容易写出来的一篇文章被老师几下子就勾掉了一大半。

请大家把这篇文章里最精彩的对话勾出来。

6. 惟妙惟肖　wéimiào-wéixiào　（成语）　描写或模仿得非常生动逼真。肖：相似。

模仿得～　～的表情

例：他模仿老爷爷的样子惟妙惟肖。

这幅人物画画得惟妙惟肖。

7. 有板有眼　yǒubǎn-yǒuyǎn　（成语）　板眼：我国传统音乐和传统戏曲唱腔的节拍。每一小节中的强拍，多以鼓板按拍，称“板”；次强拍及弱拍，则以鼓签或手指按拍，称“眼”。合称“板眼”。比喻言语行动有条理、有步调。

例：别看这小家伙年纪小，可唱起京剧来有板有眼。

小明学打太极拳，一招一式都有板有眼的。

8. 狞笑　níngxiào　（动词）　凶恶地笑。

例：绑匪狞笑着从口袋里掏出一把枪。

“今天你们是跑不掉了！”他狞笑着说。

9. 淘汰　táotài　（动词）　在选择中去除（不好的或不合适的）。

例：他在第二轮比赛中被淘汰了。

现代社会发展飞快，不与时俱进就会被淘汰。

10. 踊跃　yǒngyuè　（形容词）　形容情绪热烈，争先恐后。

～发言　～参加　～报名　积极～

例：汉语课上同学们都踊跃发言。

大家在今晚的活动中表现得非常踊跃。

11. 稀稀拉拉　xī · xilālā　（形容词）　稀疏的样子。

例：会场内掌声稀稀拉拉的，气氛不热烈。

电影院里稀稀拉拉地坐着几个人。

12. 神游　shényóu　（动词）　感觉中好像亲游某地。

例：读这篇文章仿佛神游于山水之间。

老师还在讲课，他却早已神游别处，心不在焉了。

13. 照本宣科　zhàoběn-xuānkē　（成语）　死板地照现成文章或稿子宣读，比喻不能灵活运用。

例：这位老师讲课生动活泼，从不照本宣科。

教书不应该照本宣科，要讲究多种方法综合运用，以免让学生感到课堂单一无味。

14. 敷衍了事　fūyǎn-liǎoshì　（成语）　办事马马虎虎，只求应付过去就算完事。

例：我们办事要认真负责，不能敷衍了事。

我们对什么事情都不能采取敷衍了事的态度。

15. 尚未　shàngwèi　（副词）　至今未曾；还没有。

～完成　～开始　～公布　～成功

例：他尚未接到比赛通知。

世界上还有很多尚未被人们认识的事物。

16. 冷笑　lěngxiào　（动词）　含有讽刺、不满意、无可奈何、不屑或怒意的笑。

一丝～

例：他冷笑着说："你跑不了了。"

他嘴角上挂着一丝冷笑，似乎没把对手放在眼里。

17. 勃然大怒　bórán-dànù　（成语）　突然变脸大发脾气。

例：他听了这些传言，勃然大怒，要去和人家拼命。

他那种毫不在乎的表情，看了不禁令人勃然大怒。

18. 滔滔不绝　tāotāo-bùjué　（成语）　指话很多，说起来没个完。

例：他是个健谈的人，给朋友讲起故事来总是滔滔不绝。

她滔滔不绝地讲着她旅途中的所见所闻。

19. 捣乱　dǎo // luàn　（动词）

①进行破坏，扰乱。

例：爸爸在工作，你不要捣乱。

②（存心）跟人找麻烦。

故意～　存心～

例：你这是故意捣乱，还怕问题不够多吗？

20. 安分　ānfèn　（形容词）　规矩老实，守本分。

～守己

例：青少年都有一颗不安分的心。

他不是一个安分的学生，但他绝不是一个坏学生。

21. 侮辱　wǔrǔ　（动词）　使对方人格或名誉受到损害，蒙受耻辱。

遭受～　人格～

例：这种评论对他来说是一种莫大的侮辱。

尊重别人的人不会侮辱他人。

22. 挺身　tǐng // shēn　（动词）　直起身子，形容勇敢地站出来。

～而起/而出　～反抗

例：在别人有困难的时候，他总是能挺身而出。

在遇到挫折的时候，我们要挺身面对，不能逃避。

23. 分辩　fēnbiàn　（动词）　辩白。

例：证据都在这里了，无须分辩。

他们爱说什么就说什么，我不想分辩。

24. 警句　jǐngjù　（名词）　简练而含义深刻的语句。

名言～

例：我们要在写作中多用名言警句。

警句是可以告诉我们一些道理的句子。

25. 传诵　chuánsòng　（动词）　流传诵读。

～一时　广为～　千古～　～经典

例：这首诗曾经传诵一时。

他的故事在民间广为传诵。

26. 详尽　xiángjìn　（形容词）　详细而全面。

～的分析/说明/计划　内容～

例：这本书详尽展现了乔丹（M. Jordan）的传奇人生。

对于这个问题，老师给我们进行了详尽的解答。

27. 官腔　guānqiāng　（名词）

①官话的口音。

例：他说话带有西南的官腔。

②旧时称官场中的门面话，今指利用规章、手续等来敷衍推托或责备的话。

打～　～十足　满口～

例：有一些地方官员讲话时总是习惯于打官腔，念讲稿。

28. 一丝不苟　yīsī-bùgǒu　（成语）　苟：苟且，马虎。指做事认真细致，一点儿也不马虎。

例：她无论做什么事都是认认真真、一丝不苟。

他的好成绩缘于他一丝不苟的学习态度。

29. 吟咏　yínyǒng　（动词）　有节奏、有韵调地诵读（诗文）。

～古诗　争相～

例：他给我们吟咏了一首他自己写的诗。

我读过很多吟咏夕阳的诗句，但我最喜欢的还是这一句“夕阳无限好，只是近黄昏”。

30. 台词　táicí　（名词）　戏剧、影视剧中角色所说的话，包括对白、独白、旁白。

念～　背～　对～

例：表演的时候最怕的就是忘记台词。

他们在反复对台词，为明天的表演做准备。

31. 蕴藏　yùncáng　（动词）　蓄积而未显露或未发掘。

~机遇　~活力　~能量

例：这片沙漠下面蕴藏着丰富的石油资源。

他们心中蕴藏着极大的爱国热情。

32. 宣泄　xuānxiè　（动词）　舒散；吐露（心中的积郁）。

~愤怒　~不满　~情绪　无法~

例：她心情不好的时候会去操场跑步宣泄一下。

他心里感到非常愤怒，但又无法宣泄出来。

33. 气势　qìshì　（名词）　（人或事物）表现出来的某种力量和形势。

有~　~雄伟

例：他虽然相貌平平，却是这群人中最有气势的。

到中国一定要亲眼看一看气势雄伟的万里长城。

34. 抑扬顿挫　yìyáng-dùncuò　（成语）　声音高低起伏和停顿转折。

例：小明朗读课文时抑扬顿挫，极具感染力。

教室里传来同学们抑扬顿挫的读书声。

35. 独到　dúdào　（形容词）　与众不同（多指好的）。

~的见解　眼光~　~之处

例：他对很多问题都有自己独到的见解。

摄影家善于用独到的眼光发现生活之美。

36. 冗长　rǒngcháng　（形容词）　（文章、讲话等）废话多，拉得很长。

~乏味　~的会议/解释/演讲

例：这是一部冗长且无聊的电影。

发言如果超过半个小时就有点冗长了。

37. 揣摩　chuǎimó　（动词）　反复思考推求。

仔细~　刻意~　难以~

例：这篇文章的内容，要仔细揣摩才能理解。

我始终揣摩不透他的意思。

38. 挺拔 tǐngbá （形容词）

①坚强有力；强劲。

笔力～

例：这幅书法作品每一笔看上去都挺拔有力。

②直立而高耸。

～的身姿 ～的白杨

例：他的身材高大而挺拔。

39. 割爱 gē'ài （动词） 放弃心爱的东西。

忍痛～

例：看到我这么喜欢这个玩具，姐姐只好忍痛割爱。

这两件衣服我都想买，但是钱不够，这件只好割爱了。

40. 归功（于） guīgōng（yú） （动词） 把功劳归于（某个人或集体）。

例：我们的成功归功于大家的付出和努力。

他把比赛的胜利归功于他的队友。

41. 教诲 jiàohuì （动词） 〈书〉教训；教导。

聆听～ 牢记～ 长辈的～

例：孔子常常在生活中教诲他的弟子。

老师对我的关爱和教诲让我至今难忘。

42. 开门见山 kāimén-jiànshān （成语） 比喻说话写文章直截了当。

例：这篇文章开门见山，一落笔就点明了主题。

既然人都到齐了，我就开门见山地说了。

43. 一针见血 yīzhēn-jiànxiě （成语） 比喻话说得简短而能切中要害。

例：他一针见血地指出了这支足球队的最大弱点。

他非常聪明，分析问题往往一针见血。

44. 引人入胜 yǐnrén-rùshèng （成语） 引人进入佳境（指风景或文章等）。

例：这部电影的情节引人入胜，大家都看得入迷了。

珠江沿岸的风景真是引人入胜。

45. 兜圈子 dōu quān·zi

①比喻不照直说话。

例：别跟我兜圈子，有话就直接说吧。

②绕圈儿。

例：飞机在树林子上空兜了两个圈子后飞走了。

46. 迎刃而解　yíngrèn'érjiě　（成语）　比喻主要的问题解决了，其他有关的问题就可以很容易地得到解决。

例：只要你坚持下去，这些问题都将会迎刃而解的。

节水技术的运用使该地区的缺水问题迎刃而解。

47. 诸如此类　zhūrú-cǐlèi　（成语）　与此相似的种种事物。

例：他时间观念不强，经常做出上课迟到、误飞机等诸如此类的事情。

今天开会主要讨论一下如何选课、实习、写毕业论文等诸如此类大家关心的问题。

48. 传授　chuánshòu　（动词）　把学问、技艺教给别人。

~经验　~技术　~知识

例：这门手艺是他祖父传授下来的。

今天学长们到班里向我们传授求职经验。

49. 受用

①shòuyòng　（动词）　享用；得益。

一生~

例：一种好的生活态度会让你一生受用。

学会这种本领，一辈子受用不尽。

②（shòu·yong）（形容词）　身心舒服（多用于否定式）。

例：听了这番话，他心里很不受用。

50. 音容　yīnróng　（名词）　声音和容貌。

~笑貌

例：直到现在，老师的音容笑貌依然留在我的记忆中。

奶奶去世很久了，但是她的音容依然留在我的心中。

51. 怅惘　chàngwǎng　（形容词）　惆怅迷惘；心里有事，没精打采。

例：刚刚失恋的他还处在怅惘和失落的状态中。

马上就要离开生活了四年的大学校园了，她的心中充满了无限怅惘。

52. 敬慕　jìngmù　（动词）　尊敬仰慕。

例：顶级科学家往往是人们敬慕的对象。

她用敬慕的眼光看着她心中的偶像。

【非核心词语】

1. 秃　tū　（形容词）　文中指（人）没有头发。　如：～头　～顶

2. 扁　biǎn　（形容词）　图形或字体上下的距离比左右的距离小；物体的厚度比长度、宽度小。

3. 耸　sǒng　（动词）　耸立。

4. 酒糟　jiǔzāo　（名词）　造酒剩下的渣滓（zhā zǐ），多为红色。

5. 吸溜　xī · liu　（动词）　〈方〉往嘴或鼻子里吸（气体、液体等）并发出响声。

6. 长袍　chángpáo　（名词）　男子穿的中式长衣。

7. 搜肠刮肚　sōucháng-guādù　（成语）　形容费尽心思。

8. 筋骨　jīngǔ　（名词）　筋肉和骨头，也指体格。文中指文章的精华部分。

9. 朴拙　pǔzhuō　（形容词）　质朴率真。

10. 套语　tàoyǔ　（名词）　流行的公式化的言谈。

11. 难解难分　nánjiě-nánfēn　（成语）　形容双方关系异常亲密，难于分离。

12. 仙逝　xiānshì　（动词）　“去世”的委婉说法。

## 写作小技巧

# （一）比喻与比拟

1. 比喻

比喻就是打比方。它是用具体、形象、通俗、浅显的事物或道理，来说明比较复杂、抽象的事物或道理的一种描写手法。如：

（1）圆圆的月亮　　像　　银盘。

（2）万里长城　　像　　一条巨龙。

（3）书　　　　　是　　人类进步的阶梯。

（4）父爱　　　　如　　山。

比喻有本体、喻体和喻词三个成分。其中被描述的对象为“本体”，如上例中的“月亮”“万里长城”“书”和“父爱”；与“本体”相对，用来打比方的事物是“喻体”，如上例中的“银盘”“巨龙”“人类进步的阶梯”和“山”；介于“本体”和“喻体”之间的连接词为“喻词”。如上例中的“像”“是”“如”，其他常见的喻词还有“好像、似、像……似的、如同、好比”等。

使用比喻手法时要注意的地方：

①用来比喻的事物（喻体）是大家比较熟悉的。如前面的例子中把“长城”比作“龙”，把“父爱”比作“山”，这里“龙”和“山”都是大家熟悉的事物。

②用来比喻的事物是合适的，符合被比喻事物（本体）的特征。如前面例子中把“书”比作“人类进步的阶梯”。

③喻体应该要有个性，比较新颖；同时要贴切，要注意思想感情。如下面这些比喻句就不恰当。

他的眼睛大大的，像两个皮球。

下课了，班里闹哄哄的，各种声音交错着，就像一支动听的交响曲。

④本体和喻体之间必须有相似点，但又不完全相同。

2. 比拟

比拟就是把物比作人或把人比作物的一种描写手法，可使描写生动活泼，在寓言和童话故事中常整篇使用。

把物拟作人：

小草偷偷地从土地里钻出来，嫩嫩的，绿绿的。

小河唱着欢乐的歌儿奔向远方。

把人拟作物：

在大家的呼喝声中，那个坏人夹着尾巴逃跑了。

他跟在上司的身后汪汪地叫着。

3. 比喻和比拟的区别

比喻与比拟的性质不同、作用不同。

比喻是用与本体事物有相似点的另一事物作比，也就是打比方；一定得有相似点，通过相似点使本体同喻体联系起来，唤起人们的联想，使人更具体地感知事物。如“月亮”和“银盘”是本质不同的两个事物，但是它们具有相似性，所以可以由“月亮”引起人们对“银盘”的联想。

比拟即模拟，它是用乙事物具有的特性（包括称谓、动作、行为等）写甲事物，或者说是把乙事物的特性强加于甲事物。乙事物一般是有生命力的，能活动的，有感情的；它比甲事物具体实在，于是本来较抽象、不太实在的事物变得具体实在了，增添了语言的生动性。如“小河”本来不具有任何人的感情，但是为了让关于小河流动的情形的描写更加生动形象，于是把“小河”当作“人”来写，使它具有了人的性质，即“唱着欢乐的歌儿奔向远方”，这里“唱”和“奔”都是人才具有的动作，同时“欢乐”一词也让小河具有了人的感情，使本来毫无生气的事物一下子生动形象了起来。

由此可见，比喻重在“喻”，强调的是甲乙两物的相似性；而比拟重在“拟”，利用的是事物之间的不同特性，使两者融为一体，这是区别两者的最重要的标志。

4. 试一试

（1）判断下面的句子哪些是比喻句。

①他是我的老师。（　　）　　②祖国就是母亲。（　　）

③他的眼睛像他妈妈的。（　　）　　④她的脸红得像苹果。（　　）

（2）发挥自己的想象，用比喻的手法描述以下事物。

①天上的云＿＿＿＿＿＿＿＿＿＿＿＿＿＿＿＿＿＿＿＿＿＿＿＿＿＿＿＿＿＿。

②他（她）的眼睛＿＿＿＿＿＿＿＿＿＿＿＿＿＿＿＿＿＿＿＿＿＿＿＿＿＿。

③爱情＿＿＿＿＿＿＿＿＿＿＿＿＿＿＿＿＿＿＿＿＿＿＿＿＿＿＿＿＿＿＿＿。

④幸福＿＿＿＿＿＿＿＿＿＿＿＿＿＿＿＿＿＿＿＿＿＿＿＿＿＿＿＿＿＿＿＿。

⑤知识＿＿＿＿＿＿＿＿＿＿＿＿＿＿＿＿＿＿＿＿＿＿＿＿＿＿＿＿＿＿＿＿。

（3）请用拟人的手法续写《龟兔赛跑》的故事。字数400字左右。

有一天，兔子和乌龟比赛跑步，兔子嘲笑乌龟爬得慢，乌龟说，总有一天它会赢。兔子说，那我们现在就比一比吧。乌龟同意了。比赛开始了，兔子飞快地跑着，乌龟也拼命地爬着，不一会儿，兔子与乌龟已经拉开很大一段距离了。兔子认为比赛太轻松了，它要先睡一会，它相信自己即使落后也能很快追上乌龟。而乌龟呢，则一刻不停地爬着爬着。结果，当兔子醒来的时候，乌龟已经到达终点了。

兔子不服气，要和乌龟再进行一次比赛。

## （二）肖像描写与语言描写

1. 肖像描写

肖像描写是用精确、生动、形象的语言描绘人物外形各方面的特点。包括人的身材、容貌、服饰、打扮，还包括人的表情、习惯性特点及随身携带物等。

肖像描写的方法：

（1）抓住人物的身份和性格特征。如课文中描写“我”的国文先生的面部特征“头很尖，秃秃的，亮亮的，脸形却是方方的，扁扁的”，写出了先生“相貌很古怪”这一特征。

（2）肖像显示人物的内心世界，其中眼睛最重要。“课前热身”的第二段例文主要对一位女生的眼睛进行了多方位的描写，通过对她笑的时候、生气的时候、哭的时候眼睛神态的描写，把她的内心世界生动地展现了出来。

（3）有时可借助比喻、夸张、对比等方法，使文字变得生动。如“课前热身”第二段例文中描写人物的眼睛“她那双大眼睛便弯成了月牙状”，便用到了比喻的写作手法。

（4）掌握一些肖像描写的常用词语，对准确刻画人物形象将会有一些帮助。参见下表。

**肖像描写可参考词语表**

| | |
|---|---|
| 相貌 | 漂亮、秀丽、英俊、俊美、帅、平常、丑陋、难看 |
| 皮肤 | 光滑、白嫩、白皙、白净、粗糙、松弛、布满皱纹 |
| 面色 | 苍白、红润、憔悴、红扑扑、黑里透红、古铜色、黝黑、蜡黄、灰暗 |
| 脸面 | 方脸、瓜子脸、鸭蛋脸、鹅蛋脸、娃娃脸、清瘦、棱角分明 |
| 眼睛 | 亮闪闪、水汪汪、明亮、纯洁、单眼皮、双眼皮、眉清目秀、浓眉大眼、布满血丝 |
| 目光 | 诚实、信任、热烈、亲切、锐利、迟钝、炯炯有神、猜疑、冷淡 |
| 头发 | 乌黑油亮、满头青丝、整整齐齐、富有光泽、枯涩、乱蓬蓬、披头散发、灰白、白发苍苍、满头金（银）发、齐耳短发、披肩长发、齐眉的刘海 |
| 身材 | 中等身材、又瘦又高、胖乎乎的、高大、魁梧（男性） |
| | 身材单薄、瘦削、匀称、苗条、小巧玲珑、亭亭玉立（女性） |
| 衣着 | 朴素、质朴、干净、整洁、华丽、入时、时髦、摩登、讲究、开放、保守、落伍、俗气、皱巴巴、邋遢、穿戴整齐、衣冠楚楚 |
| 风貌 | 活泼、开朗、乐观、坚强、文静、沉默寡言、孩子气、气定神闲、精神抖擞、神采奕奕、无精打采 |

2. 语言描写

语言描写是人物思想感情最直接的表露，包括人物的对话与独白。独白是反映人物心理活动的重要手段。对话可以是两个人的对话，也可以是几个人的相互交谈。运用语言描写时需要注意：

（1）要符合人物的年龄、身份、文化程度和社会地位。如《我的一位国文老师》一文中，写先生改作文时对我的教诲：“你拿去细细地体会……虎虎有生气了。”虽然是口语居多，但是也突出了先生这一语文教师的身份，口语中也不失文雅。

（2）要有现场感，符合人物当时的心情与当时的语言环境。如《我的一位国文老师》一文中，写先生发怒时的语言，“老先生转过身来，冷笑两声，勃然大怒：‘题目还没有写完，写完了当然还要讲，没写完你为什么就要问？……’”先生的语言符合当时他被质问时的发怒的情形。

（3）要生动活泼，比如，在人物说话之前加上形容词或者一些动作，表示说话时人物的神态、心理等，使语言更富有形象性。上述例子中，写先生发怒时的语言之前用“冷笑两声”和“勃然大怒”的动作和神态描写很好地反映出先生直爽、火爆的性格。

3. 试一试

请写出一两句有代表性的话描述以下职业。

（1）老师 ________________

（2）医生 ________________

（3）护士 ________________

（4）司机 ________________

（5）经理 ________________

（6）警察 ________________

（7）小贩 ________________

（8）服务员 ________________

你所熟悉的其他职业的代表性的语句也可适当补充。

## 练习

### 一、成语填空

| | | |
|---|---|---|
| 惟（　）惟（　） | 滔滔（　）（　） | 照（　）宣（　） |
| （　）（　）了事 | （　）（　）大怒 | 有（　）有（　） |
| 一丝（　）（　） | 抑（　）顿（　） | 开（　）见（　） |
| 一针（　）（　） | 引人（　）（　） | （　）（　）而解 |

### 二、选词填空

分辨　揣摩　侮辱　独到　惟妙惟肖　冷笑　敬慕

分辩　琢磨　羞辱　独特　栩栩如生　狞笑　爱慕

1. 这篇文章太难理解了，我始终（　　　　）不透作者的意图。

2. 在国外打工期间，她曾遭到过无理的（　　　　）和责问。

3. “这件事情不是我做的。”他（　　　　）道。

4. 到底该怎么回复她，你再好好（　　　　　　）一下。
5. 哥哥喜欢小丽很久了，但是他并不知道怎么表达自己对她的（　　　　　　）之意。
6. 北京天坛是一座非常（　　　　　　）的建筑物。
7. 对同一个问题，他总是有自己（　　　　　　）的见解。
8. 小明擅长模仿各种动物的叫声，而且模仿起来（　　　　　　）。
9. 他画的马好像在奔跑，真是（　　　　　　）。
10. 这对双胞胎穿着一样的衣服，实在让人难以（　　　　　　）。
11. 他“哼”地（　　　　　　）了一声，表达出对这种行为的不满。
12. 坏人们发出可怕的（　　　　　　）声。
13. 你可以指责我的行为，但请你不要（　　　　　　）我的人格。
14. 对于英雄，人们心中往往充满了（　　　　　　）。

## 三、请用括号中的提示词完成句子

1. 经过一周的锻炼，我居然瘦了 10 斤，____________________。（显著）
2. 如果现在不努力学习，____________________________。（淘汰）
3. 作为一名教师，________________________________。（传授）
4. 不要再说那些没用的话了，______________________。（开门见山）
5. 今天见到了老师，____________________：要做一个有理想的人。（教诲）
6. 一方有难，八方支援。学校举行了为受灾地区捐款的活动，____________

______________________________________________。（踊跃）
7. 两幅画我都很喜欢，但只能选一个，所以，________________。（割爱）
8. 这个小孩活泼好动，一分钟也安静不下来，________________。（安分）
9. 他不顾生命危险救起落水儿童的事迹，___________________。（传诵）
10. 这段话虽然不长，______________________________。（蕴藏）
11. 老师对我的忠告，让我____________________________。（受用）

## 四、请用括号中的提示词回答问题

1. 请你总结一下这次比赛能够胜利的原因。（归功于）

__________________________________________________。

2. 为什么大家都觉得跟他说话很累呢？（兜圈子）

________________________________________________。

3. 当你心情不好的时候你会怎么做？（宣泄）

________________________________________________。

4. 你收到这份通知了吗？（尚未）

________________________________________________。

5. 请列举出你的几种爱好。（诸如此类）

________________________________________________。

## 五、请用括号中的提示词改写句子

1. 每次谈到这个话题，他总是说个不停。（滔滔不绝）

________________________________________________。

2. 你这些话是多余的，可以去掉，否则文章就会显得过于长了。（冗长）

________________________________________________。

3. 他长得又高又瘦，跟模特儿一样。（挺拔）

________________________________________________。

4. 他说话从来不多说，但一说就能够抓住问题的关键。（一针见血）

________________________________________________。

5. 奶奶虽然已经去世很久了，但她的声音和容貌仍然留在我的记忆中。（音容笑貌）

________________________________________________。

## 六、排列句序

1. 正确语序是________________

A. 这一堂是作文，他拿起粉笔在黑板上写了两个字

B. 老先生转过身来，冷笑两声，勃然大怒

C. 有一天，先生大概是多喝了两盅，摇摇摆摆地进了课堂

D. 题目尚未写完，就有一位性急的同学发问了：“这题目怎样讲呀？”

2. 正确语序是________________

A. 徐先生讲国文之前

B. 徐先生在介绍作者之后

C. 便会朗诵全文一遍

D. 先要介绍作者，而且介绍得很亲切

3. 正确语序是________________

A. 手上拿着成绩单，身子气得不住发抖，如一座随时会喷发的活火山

B. 瞬间，她再也忍不住了，指着我的鼻子破口大骂

C. 只看见她坐在椅子上，一脸怒相

D. 你学了一学期，竟然只学了这个样子

4. 正确语序是________________

A. 而且一笑就会露出那戴着牙套的满口大牙

B. 这就是他的“招牌微笑”

C. 可是他偏偏还喜欢笑

D. 他年纪轻轻，就戴上了牙套

5. 正确语序是________________

A. 就如山间的小溪，流啊流啊

B. 他站在台上，先是清了清嗓子

C. 突然声音停了下来，在那一刻，我仿佛心中空了

D. 接着，他动了，他发出一种优美的声音

## 七、仿写训练

片段1：

这时，她那双大眼睛便弯成了月牙状，脸颊两旁出现了大大的酒窝，再配上白皙的皮肤，会让人觉得她仿佛是从童话世界里出来的一样。不过，要是谁让她生气，她也不是好惹的。那双眼睛此时瞪得像铜铃那么大，目光深处好像有一团火在燃烧。

（节选自苏州外国语学校语段模型仿写佳作（七），作者：吴梦怡）

片段2：

他有一颗冬瓜头，生气的时候脸一下子拉得很长，非常像马。他单独面对你的时候总是摆出一副善解人意的慈爱样子，同时不停地摇晃脑袋，远看像漂浮着的一个大灯笼。他的眼睛，大大的，灰黑色，很深邃。他的胳膊啊腿啊细得像竹竿，衣服酷似床单

披挂在身上，飘忽飘忽的，特别有神秘气质。

（节选自《写人的好段子：人物栩栩如生的描摹》，作者：佚名）

片段3：

爷爷长着一副古铜色的脸孔，一双铜铃般的眼睛，尖尖的下巴上，飘着一缕山羊胡须。他高高的个儿，宽宽的肩，别看他已年过古稀，可说起话来，声音像洪钟一样雄浑有力；走起路来蹬蹬蹬地，连小伙子也追不上呢。

（节选自《描写人物外貌的句子：我的爷爷》，作者：佚名）

以上三个片段均使用了比喻的手法对人物的肖像进行描写，请画出这些比喻句，并模仿这种手法写一写你的一位任课老师的肖像。字数200字左右。

## 八、写作训练

请参考课文《我的一位国文老师》的写法，写一个让你难忘的人。

要求：

1. 要突出人物的肖像描写。
2. 通过具体事件表现出人物的性格特点。
3. 字数不少于600字。
4. 可参考前文中的“肖像描写可参考词语表”。

## 扩展与实践

1. 下面一段人物的肖像描写中，存在很多不恰当的比喻句，请进行修改，使其更为恰当、生动。

我的老师年纪大约三十五岁了，他个子高高的，像一棵大树，脸很瘦，像病了很久的人一样。但是两只眼睛却很精神，像两个小灯泡一样发出有神的光。头发很短，但很浓密，像小钢针一样倒立着。嘴唇薄薄的，一笑便露出了两排白布一样的牙齿。

2. 猜一猜他/她是谁：

请对班里的某一位同学或者你们的任课老师进行肖像描写，尽量运用比喻的修辞方法，不要写出那个人的名字，完成后在全班同学面前朗读，让大家猜一猜他/她是谁。

3. 我说你画：

把全班分为三组，每组轮流选一个同学详细描述一个人的相貌，三组各派组员上台画像，看哪一组画得最像。

# 第四课　花　脸

## 课前热身

1. 黑母鸡在前面跑，我就挥着竹竿在后面追，并大声地喊叫着：“噢——！噢——！”从屋前追到屋后，从竹林追到菜园，从路上追到地里。看着黑母鸡拼命逃跑的样子，我竟在追赶中在心里觉到了一种快意。我用双目将它盯紧，把追赶的速度不断加快，把喊叫的声音不断加大，引得正要去上学的学生和正要下地干活的人都站住了看。几个妹妹起初是站在那儿跟着叫，后来也拿起了棍棒参加进来，与我一起轰赶。

黑母鸡的速度越来越慢，翅膀也耷拉(dā lā)了下来，还不时地跌倒。见竹竿挥舞过来，只好又挣扎着爬起，继续跑。最后，我终于精疲力尽地倒在了草垛(duò)底下，一边喘气，一边抹着额(é)头上的大汗。黑母鸡钻到了草丛里，一声不吭(kēng)地直将自己藏到傍晚，才钻出草丛。

（节选自曹文轩：《痴鸡》）

请找出片段中描写动作和心理感受的词语、句子。

2. 范进不看便罢，看了一遍，又念一遍，自己把两手拍了一下，笑了一声，道：“噫！好了！我中了！”说着，往后跌了一跤，跌倒于地，牙关咬紧，不省(xǐng)人事。老太太慌了，慌忙用几口开水灌了过来。他爬了起来，又拍着手大笑道：“噫！好！我中了！”笑着，不由分说，就往门外飞跑，把老太太和邻居都吓了一跳。走出大门不多路，一脚踹在泥塘里，挣起来，头发都跌散了，两手黄泥，淋淋漓漓一身的水。

（节选自吴敬梓：《儒林外史》）

这段文字通过语言、动作、肖像描写的手段，刻画了范进中举发疯的丑态。请选出关键的词句填入下面相应的横线上。

语言：________________________________________

动作：________________________________________

外形：________________________________________

3. 我看见他戴着黑布小帽，穿着黑布大马褂，深青布棉袍，蹒跚(pánshān)地走到铁道边，慢慢探身下去，尚不大难。可是他穿过铁道，要爬上那边月台，就不容易了。他用两手攀(pān)着上面，两脚再向上缩；他肥胖的身子向左微倾，显出努力的样子。这时我看见他的背影，我的泪很快地流下来了。我赶紧拭干了泪，怕他看见，也怕别人看见。

我再向外看时，他已抱了朱红的橘子往回走了。过铁道时，他先将橘子散放在地上，自己慢慢爬下，再抱起橘子走。到这边时，我赶紧去搀他。他和我走到车上，将橘子一股脑儿放在我的皮大衣上。于是扑扑衣上的泥土，心里很轻松似的，过一会说，“我走了；到那边来信！”我望着他走出去。他走了几步，回过头看见我，说：“进去吧，里边没人。”等他的背影混入来来往往的人里，再找不着了，我便进来坐下，我的眼泪又来了。

（节选自朱自清：《背影》）

朱自清的《背影》是描写父爱的名篇佳作，这段文字写父亲送我去坐车，重点写了父亲的动作，找一找有哪些描写父亲动作的词语。另外，在记述事情的时候，作者还写了自己当时和现在的心理，也请你找出来。

## 课文

做孩子的时候，盼过年的心情比大人**迫切**[1]，吃穿玩乐花样都多，还可以把亲友塞到手心里的一小包压岁钱积攒起来，做个小富翁。但对孩子们来说，过年的**魅力**[2]还有更深一层的缘故。

什么是“压岁钱”？为什么叫“压岁钱”？

每逢年至，小闺女们闹着戴绒(róng)花，穿红袄(ǎo)；男孩子们的兴趣都盯在鞭炮上。我则**不然**[3]，最喜欢的是买个花

“闹着”是什么意思？

脸戴。这是一种以纸浆(jiāng)制成的面具，用彩粉画上戏里有名有姓、**威风**[4]**十足**[5]的人物。后边**拴**[6]根橡皮条儿，往头上一套，自己**俨然**[7]就变成那员虎将了。这花脸是依脸形而做成的，眼睛处挖两个孔，可以从里边往外看。但鼻子和嘴的地方不通气，一戴上，好闷，还有股胶水和纸浆的味儿；说出话来，声音变得低而粗，却有大将**威武不凡**[8]的**气概**[9]，神气得很*。

你看过中国戏曲吗？知道哪些戏曲人物？

得很：前面一般是形容词。挤～　厉害～

一年年底，舅舅带我去年货集市上买花脸。过年时，人们都分外有劲，挤在人群里好费力。终于，我从挂在一条横竿上的几十种**花花绿绿**[10]的花脸中，惊喜地发现了一个。这花脸好大，好特别！通面赤红，一双墨眉，眼角斜斜地吊起。头上边突起一块绿包头，长巾贴脸垂下，脸下边是用马尾做的很长的胡须。这花脸与那些**愣头愣脑**[11]、神头鬼脸的都不一样，虽然毫不* **凶恶**[12]，却有股不可**侵犯**[13]的庄重之气，**咄咄逼人**[14]，叫我看得直缩脖子。我竟不敢用手指它，只是朝它**扬**[15]下巴，说："我要那个大红脸！"

～头～脑：呆头呆脑、没头没脑、木头木脑、有头有脑、虎头虎脑。

毫不：一点儿也不。

卖花脸的老爷子笑嘻嘻地说："这孩子有眼力，要做关老爷*！关老爷还得拿把青龙偃(yǎn)月刀呢！我给您挑一把！"说着从一捆刀枪里，抽出一把最漂亮的大刀给我。一下子得到两件宝贝，我高兴得只是笑，话都说不出。

"关老爷"在中国家喻户晓，你知道他是一个什么样的人吗？

回家的路上，我就戴着花脸，一路引来不少人瞧我。特别是那些与我一般大的男孩子们投来**艳羡**[16]的目光*时，我快活之极*。舅舅给我讲了关公的许多故事——过五关

投来……的目光：投来羡慕的/轻视的/惊异的目光。

……之极：极了，前面一般是双音节词语。　快乐～

斩六将、温酒斩华雄……边讲边说："你好英雄呀！"好像在说我的光荣史。当他告诉我青龙偃月刀重八十斤时，我简直觉得自己**力大无穷**[17]。舅舅还教我用京剧自报家门的**腔调**[18]说："我——姓关，名羽，字云长。"

到家，人人见人人夸，妈妈似乎比我更高兴。连总是厉害地**板**[19]着脸的爸爸也含笑称我"小关公"。我推开大人们，跑到穿衣镜前一照，呀，哪里是小关公*？我是大关公哪！

哪里是小关公：反问句。

这样，整个大年三十我一直戴着这花脸，谁说都不肯摘。睡觉时也戴着它，还是妈妈在我睡着后轻轻摘下放到我枕边的。

大年初一，客人们陆陆续续来拜年，妈妈喊我去，好*叫客人们见识见识我这关老爷。我手握大刀，摇晃着肩膀，威风地走进客厅，**憋**[20]足嗓子叫道："我——姓关，名羽，字云长。"

好：便于、以便。 例：你慢点说，好让我们能听清楚。 他说了几句笑话，好让大家不会太紧张。

客人们哄堂大笑，都说："好个*关老爷，有你守家，保管大鬼小鬼进不来！"我越发神气，大刀呼呼抡两圈，摆个**张牙舞爪**[21]的**架势**[22]，逗得客人们笑个不停。

好个～：有赞叹的语气。 例：好个小天才！

只要客人来，妈妈就喊我出场表演。我成了全家过年的主角，连爸爸对我也**另眼看待**[23]了。

我下楼**一向**[24]不走楼梯。我家楼梯扶手是整根的光亮的圆木。下楼时便一条腿跨上去，"哧溜（chī liū）"一下滑到底。这时我就故意躲在楼上，等客人一来突然就从天而降，叫他们惊奇，效果会更棒！

下午，又有来客进入客厅，妈妈一喊我，我便跨上谁知（道）……：谁能想到？意思是没想到。 例：我买了蛋糕去给他过生日，谁知他不在家。 我以为她收到花很高兴，谁知她对花粉过敏！

楼梯扶手飞骑而下，呜呀呀大叫一声闯进客厅，大刀上下一抡。谁知*用力过猛，脚底没根，身子栽了出去，“啪”的一声巨响，大刀正砍在花架上的大瓷瓶上，哗啦啦粉碎。只见瓷片、瓶里的桃枝和水飞向满屋，一块瓷片从二姑脸旁飞过，**险些**[25]擦上了。屋内如淋急雨，所有人穿的新衣裳都是水渍。再看爸爸，他像老虎一样直瞪着我。后来才知道被我打碎的是一只**祖传**[26]的青花瓷花瓶，这简直是死罪！我坐在地上吓傻了，等候爸爸上来狠狠的一顿打。妈妈好像比我更紧张，她一时想不出办法救我，瞪大眼睛等待爸爸爆发。

就在这生死**关头**[27]，二姑忽然拍着手说道：“好啊，好啊，今年大吉大利，岁（碎）岁（碎）平安呀！哎，关老爷，干吗傻坐在地上，快起来，二姑还要看你**耍**[28]大刀呢！”

谁知二姑这是使的什么法术，紧张的气氛**霎时**[29]就松开了。另一位姨妈马上**应和**[30]说：“旧的不去，新的不来，不除旧，不迎新。您等着瞧吧，今年非抱个大金娃娃不成，是吧？”她满脸欢笑朝我爸爸说。其他客人也**一拥而上**[31]，说吉祥话，哄爸爸乐。

这些话平时根本压不住爸爸的火气，此刻竟有神奇的**效力**[32]，**迫使**[33]他不乐也得乐。过年乐，没灾祸。爸爸只得嘿嘿两声，点头说：“啊，好、好、好……”尽管他脸上的笑纹明显含着被克制的**怒意**[34]，我却奇迹般地因此**逃脱**[35]开一次惩罚。妈妈对我丢了个眼色，我立刻爬起来，拖着大刀，**狼狈**[36]而逃。

过年的时候，中国人很注意不说不吉利的话，比如：死、破、烂，而是喜欢说一些“吉祥话”。你能说几句吗？

爸爸为什么没发火？他真的没生气吗？

往后几天里，再有拜年的客人来，妈妈不再喊我，节目被取消了。我躲在自己屋里很少露面，那把大刀也藏在床底下，只是依旧戴着花脸。躲在这硬纸后边，再碰到爸爸时，自己觉得有种安全感。每每从眼孔里望见爸爸**阴沉**[37]含怒的脸，我就觉得自己不再是关老爷，而是个可怜虫*了！

~虫：懒虫、糊涂虫、跟屁虫、瞌睡虫、网虫。

过了正月十五，大年就算过完了。我因为和妹妹争吃糖瓜，被爸爸提腰抓起来，按在床上死**揍**[38]一顿*。**盛怒**[39]下，他向我要去那把惹祸的大刀，用力折成几段，大花脸也撕成碎片片。我心里清楚，他把我打碎花瓶的**罪过**[40]加在这件事上一起**清算**[41]了。从这事，我悟到一个祖传的经验：一年之中唯有过年这几天是孩子们的自由日，在这几天里无论怎样**放胆**[42]去闹，也不会立刻得到惩罚。这便是所有孩子都盼望过年的更深一层的缘故。当然那被撕碎的花脸也提醒我，在这有限的自由里可得小心一点，否则事后加倍算账！

死揍一顿：狠狠地揍一顿，揍得很厉害。

过年的时候犯错误会受到惩罚吗？为什么？

（选自冯骥才：《花脸》，略有删改）

**作者简介：**

冯骥才，1942 年生于天津，当代著名作家、文学家、艺术家、民间艺术工作者。早年在天津从事绘画工作，后专职文学创作和民间文化研究，大力推动了很多民间文化保护宣传工作，被称为“中国古村落保护第一人”。他创作了大量优秀散文、小说和绘画作品，并有多篇文章入选中小学、大学课本。

## 生词

1. 迫切　pòqiè　（形容词）　十分急切；需要到难以等待的程度。

心情～　要求～　～的需要

例：第二个孩子马上要出生了，他们家换大房的需要越来越迫切。

　　地震把这里破坏得很严重，现在这里迫切需要支援。

2. 魅力　mèilì　（名词）　很能吸引人的力量。

富有～　～过人　～四射

例：北京是一座富有魅力的城市。

　　他有一种独特的魅力，每个认识他的人都愿意把心里话告诉他。

3. 不然　bùrán　（形容词）　不是这样。

其实～

例：抄抄写写看起来很容易，其实不然。

　　他看上去很老实，其实不然。

4. 威风　wēifēng　（名词）　使人敬畏的声势或气派。

～凛凛　～十足

例：他大步走在最前边，威风十足。

　　在家人面前，你就不要表现自己的威风了。

5. 十足　shízú　（形容词）　十分充足。

～的理由　干劲～　神气～

例：就算你有十足的理由，今天也不能请假。

　　休息了两天，今天出门感觉精神十足。

6. 拴　shuān　（动词）　用绳子等绕在物体上，再打上结；缠住，系。

～紧　～住　～一根绳子

例：我把马拴在树上了。

　　他在钥匙圈上拴了一根绳子，以防丢失。

7. 俨然　yǎnrán　（副词）　十分像，如同。

～如新　～大人的模样

例：他坐在那里一句话也不说，俨然一尊雕塑。

七岁的儿子今天告诉我要照顾好自己，说话的样子俨然是个大人。

8. 威武不凡 wēiwǔ-bùfán （成语） 声势壮大，和一般的人不同。

例：他身穿战衣，手拿宝剑，威武不凡。

这尊威武不凡的关公塑像被爸爸放在了进门的柜子上。

9. 气概 qìgài （名词） （正直豪迈的）态度、举动或气势。

有～ ～不凡 英雄～

例：我的男朋友一定要有男子汉的气概。

电影里，男主人公的英雄气概让我很感动。

10. 花花绿绿 huāhuālǜlǜ （形容词） 形容颜色鲜艳多彩。

～的装扮 ～的图案

例：墙上贴着花花绿绿的画儿。

姑娘们穿着花花绿绿的衣服，在广场上跳舞。

11. 愣头愣脑 lèngtóu-lèngnǎo （成语） 愣，说话做事不考虑对不对，带有贬义，一般形容言行考虑不周、容易犯错的人。

例：他说话办事愣头愣脑的，一点也不懂为人处世的道理。

不管是否行得通，只要二愣一出场，总是愣头愣脑往前冲。

12. 凶恶 xiōng 'è （形容词） 十分可怕。

面貌～ ～的目光 ～的敌人

例：鳄鱼不但长得凶恶，而且很危险。

面对他凶恶的目光，我不由得倒退了几步。

13. 侵犯 qīnfàn （动词） 干涉和损害他人；对……造成伤害。

～版权 ～名誉 不可～

例：这本小说大量抄袭了我的作品，侵犯了我的利益，我要求赔偿。

诚实守信是他行动的准则，他从来不做侵犯别人利益的事情。

14. 咄咄逼人 duōduō-bīrén （成语） 形容气势汹汹，盛气凌人，给人压力。

说话～ 气势～

例：这位年轻人说话很有逻辑，但是不顾别人的感受，太咄咄逼人了。

他咄咄逼人的追问让我不愿意回答他的问题。

15. 扬 yáng （动词） 向上抬起、举起。

~起下巴 ~起手 ~帆远航

例：她走路时从来都是高高扬着头，看起来很骄傲的样子。

我在人群中看见了他，连忙扬起手向他问好。

16. 艳羡 yànxiàn （动词） 〈书〉非常羡慕。

~不已 ~的神情 ~的目光

例：艳羡别人的幸福，会失去自己的幸福。

令人艳羡的是，他有一位美丽而又温柔的妻子。

17. 力大无穷 lìdà-wúqióng （形容词） 形容力气很大，不可穷尽。

例：蚂蚁是昆虫中的大力士，力大无穷，可以搬动比身体重几十倍的大米。

18. 腔调 qiāngdiào （名词） 说话的声音、语气。

用……的~ 带有……的~ 一本正经的~

例：今天他很反常地用严肃的腔调说话，我们都不太适应。

这位英语学习者努力模仿英国人的腔调，但是并不成功。

19. 板 bǎn （动词） 露出严肃或不高兴的表情。

~着脸 ~起脸来

例：他板着脸，一言不发。

20. 憋 biē （动词） 抑制住，忍住不让出来。

~气 ~不住 ~足了劲

例：他憋足了劲儿大喊了一声。

他憋了一肚子的话，却没勇气说出来。

21. 张牙舞爪 zhāngyá-wǔzhǎo （成语） 张开嘴露出牙齿，还挥舞爪子。形容凶恶、疯狂的样子。

例：妖怪们拿着刀，张牙舞爪地向孙悟空打来。

张牙舞爪的歹徒最后被警察制服。

22. 架势 jiàshì （名词） 姿势，姿态。

摆出~ 凶恶的~ 骄傲的~

例：他高仰着头，抱着胳膊，一副不在乎的架势。

看他走路的架势，我判断他是一名军人。

23. 另眼看待 lìngyǎn-kàndài （成语） 用不同的目光看待，很重视。也作“另眼相看”。

例：几年过去，他变得积极乐观、坚强勇敢，大家都对他另眼看待。

总经理肯定了他的工作能力，同事也对他另眼看待。

24. 一向 yīxiàng （副词） 从过去到现在，向来。

～如此 ～认真 ～准时

例：他用钱一向节约，从不乱花钱。

我这个人一向准时，你放心吧。

25. 险些 xiǎnxiē （副词） 差一点儿（发生不如意的事）。

～丧命 ～摔倒 ～迟到

例：医生一个小小的错误，险些让手术失败。

他酒后开车，险些丢掉性命。

26. 祖传 zǔchuán （形容词） 祖宗留传下来的。

～秘方 ～老屋 ～家具

例：他把祖传的花瓶拿去卖钱。

这种药是我按祖传的药方制成的，效果特别好。

27. 关头 guāntóu （名词） 起决定作用的时机或转折点。

紧要～ 危急～ 生死～

例：危急关头，他想到了大哥，希望大哥能帮他。

眼看汽车就要撞到孩子，在这生死关头，我果断地把孩子拉回来了。

28. 耍 shuǎ （动词） 表演，施展。

～把戏 ～大刀 ～酷

例：他在耍什么把戏，我看不明白。

你这是关公面前耍大刀，让别人笑话！

29. 霎时 shàshí （名词） 极短的时间，也说“霎时间”。

例：一声巨响过后，霎时，天空出现了无数美丽的火花。

爆炸声响起，霎时，街上一片混乱。

30. 应和 yìnghè （动词） （语言、行为等）相呼应。

不停～ 同声～ 无人～

例：班长的建议考虑到了每个人的要求，所以得到了所有人的应和。

主持人向台下观众提问，但是无人应和，气氛很尴尬。

31. 一拥而上 yīyōng 'érshàng （成语） 一下子全都挤上去。

例：今天是特价日，商场刚开门，顾客就一拥而上，忙着抢购。

狮子们一拥而上，将倒地的羚羊分而食之。

32. 效力 xiàolì （名词） 效果，功效。

~大 ~不凡 产生~

例：你对他的劝说没有产生任何效力。

经理的话产生了巨大的效力，员工纷纷表示愿意加班。

33. 迫使 pòshǐ （动词） 运用强迫性的力量或行动促使。

~对方投降 ~对方让步

例：这场突如其来的大洪水，迫使当地的人们离开家乡。

丈夫破产了，经济压力迫使才生完孩子两个月的她出去工作。

34. 怒意 nùyì （名词） 愤怒的感情。

满脸~ 充满~ 一丝~

例：我刚才看见他满脸怒意，所以你最好等他心情好点再去找他。

这名男子脸上充满怒意，让人不敢靠近。

35. 逃脱 táotuō （动词） 逃跑并脱离，避免（不好的事情）。

~惩罚 ~厄运 ~制裁

例：只要违反了法律，就不能逃脱法律的惩罚。

他感到不管自己怎么努力，都逃脱不了失败的命运。

36. 狼狈 lángbèi （形容词） 形容困顿、窘迫。

十分~ ~极了 ~而逃

例：敌人被打得狼狈而逃。

一场大雨把我们浇得全身湿透，狼狈极了。

37. 阴沉 yīnchén （形容词） 形容天色昏黑；心情不好，脸色阴暗。

天色~ 脸色~

例：这阴沉的天气叫人心情不好。

看着考卷上的分数，妈妈脸色阴沉。

38. 揍 zòu （动词） 打，殴打。

挨~ ~一顿 欠~

例：弟弟打碎了家里的花瓶，被爸爸狠狠地揍了一顿。

在超市偷东西被当场抓住，他被揍了一顿。

39. 盛怒 shèngnù （动词） 大怒，震怒。

~之下 出于~

例：在盛怒之下，他把邀请信撕得粉碎。

出于盛怒，轿车司机把车开得飞快，很快就追上了前面的公交车。

40. 罪过 zuì · guo （名词） 罪恶，过错。

认清~ 弥补~

例：浪费时间是一种罪过。

我忘记把礼物带给你了，真是罪过！

41. 清算 qīngsuàn （动词） 全部、彻底地计算和处理。

~财产 ~账目

例：银行要求我清算公司的财产。

我们公司到底欠了多少钱，今天就清算一下。

42. 放胆 fàngdǎn （动词） 放心大胆，放开胆量。

~去做 ~一拼

例：年轻人就要放胆拼搏，失败就重来。

看准的事情就放胆去做，不要过分担心。

## 【非核心词语】

1. 彩粉 cǎifěn （名词） 彩色的粉末。

2. 包头 bāo · tóu （名词） 裹在头上的装束用品。

3. 青花瓷 qīnghuācí （名词） 简称“青花”，是中国瓷器的主流品种之一。

4. 法术 fǎshù （名词） 神奇的技巧和手段。

5. 糖瓜 tángguā （名词） 一种用黄米和麦芽熬制成的糖，一般是扁圆形，是中国的传统名点，年节的时候常吃。

## 写作小技巧

# 动作描写和心理描写

1. 动作描写

不管是要写好人物还是讲清楚事情，都少不了准确的动作描写。一个人的动作可以显示出这个人物的态度、想法、品质，所以成功的动作描写，可以让人们了解人物的身份、地位，反映人物心理活动的进程，表现人物的性格特征。

动作描写包括“做什么”和“怎么做”。其中“怎么做”是关键。比如写“去火车站买春运的车票”这件事，怎么写呢？有的人这样写了这些方面：冒着冷风、在门口等了两个小时、随着人流挤进去、人太多太吵听不清售票员说什么。

描写动作的时候要选择最合适的动词，因为这些动词往往可以表现人物的心理和性格。比如同样是“看”，“瞪了我一眼”“看了我一眼”是不一样的。为了使动作更具体，我们可以在动词前后增加一些修饰语，比如“坐着”变成“瘫坐着”“呆呆地坐着”等。下面是一些常用的描写动作的词语，请试试补充更多的词语。

表示“看”的词语：盯、瞪、望、瞟、打量、注视、________________；

表示发出声音的词语：叫、吵、嘟囔、骂、________________；

和脚的动作有关的词语：跨、踩、蹲、跳、踢、________________；

和手的动作有关的词语：指、抬、捂、捏、戳、抢、________________。

另外，传神的动作描写还可以刻画出人物的神情、态度以及性格，甚至有些动作已经成为网络热词，比如“葛优躺、吐槽、雷到了、打 call”，那么，你知道这些网络热词的意思吗？请查找资料，试着解释一下。

2. 心理描写

心理描写能够直接叙写人物的内心，揭示人物内心深处的想法，使人物形象更为完整和真实。它包括：

自我表白。描写的时候常常是这样的结构：我觉得：……我想：“……”

直接描述。如：他想：……

对话式独白。指作者或者描写的对象心里自己与自己对话，或者自言自语。

人的心理活动复杂多样，所以描写心理的词语也多种多样。

请继续扩充下面各组词语：

表示快乐的词语：开心、快乐、欢乐、喜悦、愉快、________________________

________________________________________________________________；

表示喜悦的词语：兴高采烈、欢天喜地、心满意足、喜出望外、______________

________________________________________________________________；

表示难过的词语：悲伤、悲痛、哀叹、痛苦、心如刀割、____________________

________________________________________________________________；

表示担心的词语：忧虑、担忧、忐忑、心事重重、__________________________

________________________________________________________________；

表示生气的词语：愤然、痛恨、深恶痛绝、恼怒、__________________________

________________________________________________________________；

表示害怕的词语：惊慌、害怕、惧怕、心惊胆战、__________________________

________________________________________________________________。

你还知道哪些表示人的心理活动的词语呢？请试着归类汇总。

## 文化点滴

# （一） 中国传统节日中的禁忌习俗

人们把时间分为两部分，即平常时间和非常时间。节日属于非常时间，为了顺利度过，人们往往需要了解和遵守种种禁忌，正所谓：“入国而问禁，入乡须随俗。”

1. 春节的禁忌

春节（正月初一）是中国旧历一年的开始，各地都有很多禁忌习俗。春节禁忌，源于人们对“开始”的重视。“一年之计在于春”，“春节”为一年之始，这一天预兆着全年的吉凶祸福，因而禁忌极多。这些禁忌集中体现了人们希望平安、幸福的心理期待。民间各地春节期间的禁忌主要有：

（1）禁忌杀生、见血。

大年初一不动刀、不动剪子，以免给新的一年带来灾祸。大年初一尤为忌讳见到血迹，因为这预示着不吉利，主人可能会遭到不测。杀生必见血，这一禁忌警诫人们，在春节期间应禁忌杀生，所以初一至初三的肉菜都是春节前备好的，而这期间禁止杀生。中国人崇信“种瓜得瓜，种豆得豆”的为人准则，要想自己财源广进，寿比南山，春节期间就绝对不能杀生。不但不能杀生，还要买生放生。关于春节放生，还有这样一个故事：

在河南荥（xíng）阳有一枯井，项羽当年追刘邦时，刘邦避于井中，两只斑鸠（bān jiū）落在井口上。项羽追来时，有人告诉项羽，井中有人，项羽却说：“井中有人，鸠不集。”刘邦幸免于难，所以在汉代春节时，要将斑鸠等鸟放生。

（2）禁忌扫地、倒垃圾。

这是防止走了财气，因为在此时，“垃圾”代表“千金”，即使家里实在很脏，也只能将其扫在一边（而且是从外往里扫），绝不能丢进垃圾桶后倒出去；禁忌动刀子、剪子和针，是怕遭灾祸，断绝子孙后代。

（3）除夕宴席不能无鱼。

除夕宴席上一定要有“鱼”，“鱼”谐音“余”，寓意“年年有余”。同时在大多数地区，吃鱼时，不能把鱼翻过身来，因为“翻”不吉利。如果一定要把鱼翻过来，也不能说“翻”，而要说“转”，因为“转”谐音“赚”。正因为这种谐音现象和心理作用，春节期间，人们禁忌说不吉利的话。比如忌讳说“没、死、破、病、穷”等词语，否则将会一年不顺，诸事不吉。

（4）祭祀祖先的多种禁忌。

中国大多数地区在吃年夜饭前，要先祭祀祖先。祭祀的时候，家庭成员和物品必须齐全，否则就是人不团圆、财不完整；祭祀祖先时，任何人不得占用供桌两旁的座位，否则就是与祖先争座位；此时家中不得吵闹，更不准骂人，否则就是对祖先不敬；祭祀时也不得高呼小孩的名字，以防所谓的大门外的无主鬼魂听到，造成孩子夭折。进餐时忌讳来人打扰，这称为“踩年饭”，据说这会使全家一年不得安宁。

2. 端午节的禁忌

端午节这一天，家家都在门旁插艾蒿以驱邪，小孩身上要佩戴棉布缝制的狗、小人等，这些东西要小心保护，忌讳丢失，否则年内将有灾难。躲过端午之后，要将所佩戴的东西扔到水里，以驱除灾祸。这主要是因为农历五月之时，正值炎热酷暑之际，此时是多种流行病的高发期，古人因此将五月视为“恶月”。既然是“恶月”，自然就有许多禁忌。

3. 中元节的禁忌

民间一般将农历七月十五称为“中元节”，有的地方也将这一天称为“鬼节”。据说这天鬼魂都要出来，人们不能到处乱走，更禁忌出远门。节日期间也不能杀生，以免被鬼视为恶徒而遭受惩罚，因此，这天屠户一律罢市，人们也大多吃斋、祭祀祖先。

节日期间，人们应尽量少走夜路，尽量少去河边、海滩等阳气不足之地，因为传说中鬼魂最爱躲在阴暗处。人们也应避免对鬼魂不敬的行为，特别是讲粗话、随地小便或吐痰等。特别要注意的是，中元节不是一个快乐的节日，“节日愉快”“欢度佳节”这样的问候，在中元节是不合适的。

**【思考与练习】**

1. 请根据短文中的语境，猜测下列画线词语的意思。

崇信　种瓜得瓜，种豆得豆　财源广进　寿比南山　鸠不集　祭祀祖先　供桌　夭折　罢市　吃斋

2. 在你的国家都有什么节日的禁忌呢？为什么会有这些禁忌？请你简单地介绍一下。

## （二）戏曲脸谱

脸谱是中国传统戏曲中用各种颜色在演员面部所勾画形成的特定图案。很多戏曲，比如粤剧、川剧、豫剧等都有脸谱，最著名的当然是京剧的脸谱。它是在 18 世纪末和 19 世纪初逐渐形成的，在形成过程中吸取了很多地方戏曲剧种的脸谱，并经过几代著名演员和戏曲艺术家的不断探索、研究、改革，逐渐形成现在的京剧脸谱。京剧脸谱也是至今戏曲舞台上数量最多、最完整的戏曲脸谱。

脸谱是演员脸上的绘画，用于舞台演出时的化妆造型艺术，用来表明戏中人物的面容和性格特征，以丰富舞台美术色彩，强化演出效果。它把眉目、口鼻和脸的颜色组织起来涂画在演员脸上。各种人物大部分都有自己特定的谱式和色彩，脸谱被用来突出人物的性格特征，具有“寓褒贬，别善恶”的艺术功能，使观众观其外表便知其心胸。

黑色脸：一般表示正直勇猛的人物，如包拯。

白色脸：以白色为主的脸谱有几种含义，有的是用于充满活力的老年英雄、武将；有的是表示人物性情奸诈，如曹操；有的是僧人脸谱，表示武艺高强。

红色脸：一般表示所饰人物忠勇正直，如关羽，但有些反面人物也勾画以红色为主色的脸谱，这往往是为了讽刺，以凸显人物性格的奸诈。

紫色脸：紫色介于黑红两色之间，刚正威严的人物和忠义厚道的人物常用紫色脸。

粉红色脸：一般象征年迈的红脸人物。

绿色脸：一般寓意勇猛暴躁，与黑色脸有相近之用意，有些占山为王的草寇类人物使用绿色脸。

蓝色脸：一般表示刚强阴险，在脸谱中蓝色与绿色的寓意相近，都是黑色的延伸，表示性格刚强的人物。

黄色脸：寓意人物骁勇剽悍或凶暴残忍。

**【思考与练习】**

1. 请根据短文中的语境，猜测下列画线词语的意思。

粤剧　川剧　豫剧　寓褒贬，别善恶　奸诈　占山为王　草寇　骁勇剽悍

2. 有一首脍炙人口的歌曲《说唱脸谱》，找来听一听里面提到了哪几种脸谱。

## 练习

### 一、选词填空

迫切　架势　一向　逃脱　腔调　险些

迫使　姿势　从来　逃离　声调　差一点

1. 刚才走路的时候我在看手机，没看到台阶，（　　　）摔倒。
2. 这场大雨（　　　）我们取消了夜晚登山的计划。
3. 我长这么大还（　　　）没见过这么奇妙的表演！
4. 拍照的时候，好的（　　　）可以让你看起来更美。

5. 要想说标准的普通话，必须把（　　　）说准确。

6. 都怪你，在旁边大喊大叫，我（　　　）就过关了，现在又得从第一级开始了。

7. 工作紧张、竞争激烈、房价高，这使一些年轻人想要（　　　）大城市。

8. 你们这（　　　），是想打架吗？

9. 今天老李跟我说话的（　　　）很奇怪，好像对我有什么误会。

10. 负责看守的年轻警察一不留神，竟然让罪犯（　　　）了。

11. 他说话（　　　）如此，爱给人泼冷水，你不要放在心上。

12. 再不改变，公司就要倒闭了，大家想要改革的心情非常（　　　）。

## 二、请用括号中的提示词完成句子

1. 怪不得这几天都没见他笑过，______________________________。（缘故）

2. 你不用顾虑太多，______________________________。（放胆）

3. 丽达的朋友来中国了。她只顾陪朋友，完全忘了今天要做报告，__________

______________________________________________。（狼狈）

4. 为了抢救落水的儿童，______________________________。（毫不）

5. 他这个学期变得非常努力，从不迟到，______________________。（另眼看待）

6. 我听到一声巨响，______________________________。（霎时）

## 三、请用括号中的提示词回答问题

1. 听说你在学京剧？我一点也听不懂京剧在唱什么！

______________________________________________（魅力）

2. 他说话的口气很成熟，今年多少岁了？

______________________________________________（俨然）

3. 你看过电影《勇敢的心》吗？

______________________________________________（气概）

4. 我看到你有几次想要站起来，是不是想说什么？

______________________________________________（憋）

5. 你们俩为什么打架？谁先说说？

______________________________________________（张牙舞爪）

6. 你是从什么地方判断出他是一名职业的拳击手？

______________________________________________（架势）

7. 听说他们公司因为经营不善，快要破产了。你知道他们在做什么吗？

______________________________________________（清算）

## 四、排列句序

1. 正确语序是____________

   A. 你就得下定决心考虑自己将来要成为什么样的人，扮演什么角色

   B. 如果你确实想开拓自己的人生

   C. 对未来满怀憧憬地写下这个角色所必须具备的各种特质

   D. 此外，你的心态要重回孩童时代

2. 正确语序是____________

   A. 我因为和妹妹争吃糖瓜，被爸爸提腰抓起来，按在床上，死揍一顿

   B. 我心里清楚，他把我打碎花瓶的罪过加在这件事上一起清算了

   C. 盛怒下，他把惹祸的大刀用力折成几段，大花脸也撕成碎片片

   D. 过了正月十五，大年就算过完了

3. 正确语序是____________

   A. 将军高兴极了，用力一拉，没想到弓断了

   B. 他很爱这张弓，让人在弓上雕刻了花纹

   C. 古时候，有位将军得到了一张射得又远又准的硬弓

   D. 弓上的花纹组成各式图案，看上去非常精美

4. 正确语序是____________

   A. 应该把心思放在未来上

   B. 然而，做到这一点不是一件容易的事

   C. 更不应该因现在的困难而对未来失去信心

   D. 人不应该总是回忆过去

5. 正确语序是____________

   A. 但是时机不对，只凭一厢情愿

   B. 有的事虽然是好事

C. 办事情要有个轻重缓急

D. 即使办成了也会招来不少反对意见

## 五、模仿下面的语句，写一写

1. 世界上没有完全的伟大，也没有完全的渺小；没有百分之百的坚强，也没有百分之百的________。

世界上没有完全的________，也没有完全的恶；没有百分之百的________，也没有百分之百的__________。

2. 钱可以买到书本，但不一定能买到智慧；

钱可以买到医药，但不一定能买到________；

钱可以买到________，但不一定能买到真心；

钱可以买到________，但不一定能买到________。

3. 没有想象，人类就失去了灵魂。没有想象，就像鱼儿失去了水，鸟儿失去了________，大树失去了________，鲜花失去了________。没有想象，就像画家失去了眼睛，书法家失去了________，________________。

没有你在我的身边，____________________________________________

________________________________________________________________

## 六、写作训练

选择下面的一个场景或者事件进行叙述，注意尽可能细致地写出各种动作，不少于600字。

1. 做菜。

2. 参加运动会。

3. 考试。

## 扩展与实践

1. 采访三个国家或地区的同学，了解他们国家（地区）的人们在新年或最重要的节日里的活动和禁忌，并简要记录下来。

| | | | |
|---|---|---|---|
| 国家/地区 | | | |
| 节日名称和时间 | | | |
| 最重要的活动 | | | |
| 节日里的禁忌 | | | |

2. 中国人很重视“意头”，特别是在一些重要的时刻、场合，会有一些特别的说法和做法。

比如结婚的时候，会在新娘床上放红枣、花生、桂圆、莲子，你知道这代表什么意思吗？

如果给人送礼物一定不能送钟表，也不能送绿色的帽子，这是为什么呢？

很多人在选择车牌或者各类号码的时候会对一些数字特别喜爱或者特别反感，这又是什么原因呢？

请你查找资料，问问身边的人，每位同学至少找到三种这样的例子，然后展示给大家，并说说在你们国家有没有类似的情况。

3. 词语的感情色彩反映了人们对事物的感情和评价，一般分为褒义、贬义和中性。褒义词是指带有表扬、喜爱、肯定、尊敬等感情的词语，如：友好、勇敢；贬义词是指带有贬斥、厌恶、否定、鄙视等感情的词语，如：脏、急躁；中性词是指不带有褒贬感情色彩的词，如：结果、红。

请你用学过的形容词来评价你自己。可以分组进行比赛，看哪个组的同学说得多。比赛结束后，分一分哪些是褒义词，哪些是贬义词，哪些是中性词。

# 第五课　本命年[1]的回想

## 课前热身

1. “过年啦！过年啦！”一阵阵欢笑声从我耳边飘过。走在街上，看见人山人海的场面，瞧！有的人在挂写着“新年快乐”的贺词灯笼，有的在买漂亮的衣服，还有的在买自己爱吃的零食。小朋友的欢笑声，商场里的音乐声，还有小摊贩的叫卖声，来来往往汽车的喇叭声……此起彼伏，热闹极了。

瞧！公园里也充满了节日的气息，热闹的广场上到处是欢快的人群。有的在跳舞，有的在大声唱着歌，还有的正在潇洒自如地滑旱冰。那小路旁的花儿开满了枝头，树木一片郁郁葱葱，花儿随着优美的音乐，摇摆起了身子。啊！新年到处一片热闹的景象。

（节选自艺华作文网，《作文大全》之《过年啦》）

问：这段文字中描写了哪里的场景？这些场景中出现了哪些事物？

2. 清脆的下课铃声响了，同学们像小鸟一样涌出了教室，到操场上参加自己喜爱的课间活动。打乒乓球是同学们最喜爱的活动。你看，球台的四周围满了同学。而“丢沙包”则是同学们十分爱做的游戏。你看，操场上这一组，那一组，玩得多带劲！小梅同学左躲右闪，蹦来蹦去。突然，沙包从背后飞来了，只见她转过身来个“海底捞月”，一下子抓住了沙包。打排球的同学猛一发球，嘴里还喊着，一场排球激战也在课间开始了！我们的课间活动，是多么丰富多彩啊！

（节选自赶考状元网，“场景作文”之《愉快的课间》，有删改）

问：这段文字主要写的是什么？如果用“先总说，再分别介绍，最后总结”的方法介绍一下，该如何介绍？

3. 风筝比赛开始了，五颜六色的风筝争先恐后地飞上蓝天。嘿！风筝的式样可真多，有“蜻蜓”“蝴蝶”“孙悟空”……它们在空中各显神通，使人目不暇接。你瞧那翩翩起舞的“红蝴蝶”多艳丽，它好像在骄傲地说：“蝴蝶中间我是王，我的美丽谁也比不上。”你看那猴王“孙悟空”多神气，手举金箍(gū)棒，两眼烁(shuò)烁放金光。其中，王强同学扎的“小燕子”放得最高。他沉着、冷静，时而慢慢向后退，时而使劲向后拉。风筝好像领会了主人参加比赛的心情，越飞越带劲。

（节选自国际范文网，《描写热闹场面的片段》）

问：读完这段文字你的脑海中出现了怎样的情景？用自己的话说一说。

## 课文

你知道中国传统文化中的“二十四节气”都是什么吗？

中国最具有鲜明地方特色和浓郁乡土风味的节日是什么？

春节从何时开始到何时结束？

春节时不少人家里需要准备的特色食物有哪些？

春雨惊春清谷天，夏满芒夏暑相连，秋处露秋寒霜降，冬雪雪冬小大寒。村风乡俗中，二十四节气色彩**缤纷**[2]，而最有**鲜明**[3]地方特色和**浓郁**[4]**乡土**[5]**风味**[6]的，却是二十四节气之外的春节。

春节是现在**通行**[7]的叫法，我却跟我老家的乡亲父老一样，**守旧**[8]地称其为过年，或大年。

想当年，我小的时候，家乡的大年从腊月初一就开始预热。一天比一天增温，一天比一天红火，直到年底。

腊月初一晚上，家家炒花生、炒瓜子、爆玉米花儿；炒完一锅又一锅，一捆捆柴禾*放进灶里，土炕烫得能烙饼。玉米粒儿在拌着热沙子的铁锅里毕剥毕剥*响；我奶奶手拿着锅铲*，口中**念念有词**[9]：“腊月初一蹦一蹦，孩子大人不得病。”花生、瓜子、玉米花儿炒熟了，装在簸(bò)箕(ji)*里，到院里**晾**[10]脆，然后端进屋来，一家人**围坐**[11]在一起，大吃大嚼(jiáo)。

柴禾：作燃料用的柴木、杂草等。

毕剥毕剥：象声词。

锅铲：炒菜时用来翻炒等的工具。

簸箕：

腊八节*到了，又该吃腊八粥*了。小米、红豆、红薯、红枣、栗(lì)子等熬成的腊八粥，占全了色、味、香，盛(chéng)在碗里**赏心悦目**[12]，舍不得吃。可是吃起来却又没有个够，不愿放下筷子。

喝过腊八粥，年味儿*更**浓重**[13]。卖糖葫芦的小贩**穿梭**[14]来往，竹筒里**抽签**[15]儿，中(zhòng)了彩赢得的糖葫芦吃着最甜。卖糖瓜的小贩，吆喝**叫卖**[16]，**此起彼伏**[17]，**自卖自夸**[18]。还有肩扛着谷草把(bà)子卖绒花的小贩，谷草把子上插满五颜六色的绒花，**走街串巷**[19]，大姑娘小媳妇把他们叫到门口，站在门槛(kǎn)*里挑选花朵。上年纪的老太太，过年也要买一朵红绒花插在发髻(jì)*上。家家都忙着蒸馒头和年糕，再穷的人家也要蒸出几天的豆馅(xiàn)团子。天井的缸盖和筛(shāi)子上冻豆腐，窗台上冻柿子，还要腌酸菜。妇女们忙得脚朝天，男人们却蹲着晒太阳，说闲话儿。

腊月二十三过小年*，香烛纸马送灶王爷*上天。最好玩的是把灶王爷的神像揭下来，烧掉之前，从糖瓜上抠下几小块糖，抹在灶王爷的嘴唇上，叮嘱他上天言好事，下界保平安。灶王爷走了，门神爷也**换岗**[20]了，邪魔鬼祟就不敢**登门**[21]**骚扰**[22]了。

腊月三十的除夕之夜，欢乐而又庄严。**阖家**[23]团聚包饺子，谁吃到包着硬币的饺子最有福，一年**走红运**[24]。小女孩儿不许出屋，小男孩儿虽然允许走动，却不能在外边大小便，免得**冲撞**[25]了神明*。不管多么**困乏**[26]，也不许睡觉，大人给孩子们说笑话，猜谜语，讲故事，这叫守岁。等到新年的钟声响起，才能往锅里下饺子，院子

腊八节：农历腊月初八，俗称“腊八”。

腊八粥：一种在腊八节用多种食材熬制的粥。

年味儿：过年时的趣味。

腊八节以后的“年味儿”体现在哪些地方？

门槛：门框下挨着地面的横木(也有用石头的)。

发髻：一种发式。将头发挽成髻，盘在脑后或顶部两侧。

小年：节日，农历十二月二十三或二十四日，旧俗在这天祭灶。

灶王爷：灶神，在锅灶附近供的神，认为他掌管一家的祸福财气。

“腊月二十三”是什么日子？有什么习俗？

神明：神的总称。

里放鞭炮，门框上贴对联，小孩子们在饺子上锅之前，纷纷给老人们磕辞岁头，老人要赏压岁钱，男孩子可以到亲戚家拜年，压岁钱装满了荷包。

除夕夜人们都做什么？

麻麻亮：〈方〉天刚有点儿亮。

天麻麻亮*，左邻右舍拜年的人已经敲门。开门**相见**[27]七嘴八舌地**嚷嚷**[28]着："恭喜，恭喜！""同喜，同喜！"我平时串百家门，正月初一要给百家拜年。出左邻入右舍，走东家串西家，村南村北各门各户拜了个遍，这时我才觉得得到了**公认**[29]，我又长了一岁。

人们拜年时的情形如何？

今年是我的本命年，六十"高龄"回忆**往事**[30]，颇有**返老还童**[31]之感。

（选自刘绍棠：《本命年的回想》，略有改动）

**作者简介：**

刘绍棠（1936—1997），中国著名乡土文学作家。他的作品描写从容自然，乡土色彩浓郁。《本命年的回想》一文写的是作者在京郊运河家乡过年的情景。文章以主要的篇幅写了家乡火热的春节景象，描绘了一组色彩缤纷的乡村年景图。它用词生动、准确，语言朴实，充满浓郁的乡村气息。

## 生词

1. 本命年　běnmìngnián　（名词）　中国习惯用十二生肖记人的出生年，每十二年轮转一次。如 2018 年出生的人属狗，再过 12 年，2030 年就是这个人的本命年。

过～

例：今年是狗年，是我的本命年。

　　中国人认为过本命年时往往会运气不好。

2. 缤纷　bīnfēn　（形容词）　〈书〉繁多而杂乱。

五彩～　色彩～

例：新年的烟火晚会上礼花齐放，真是五彩缤纷。

　　春天的公园里，百花盛开，色彩缤纷，吸引了很多游人来拍照。

3. 鲜明　xiānmíng　（形容词）

①分明而确定，一点也不含糊。

～的对比　态度～　个性～

例：一个安静，一个活泼，这对双胞胎的性格形成了鲜明的对比。

②（颜色）明亮。

色调～

例：小孩子会格外喜欢色彩鲜明的食物。

4. 浓郁　nóngyù　（形容词）　（色彩、情感、气氛等）重。

色调～　感情～　气息～

例：他的作品具有强烈的时代特色和浓郁的生活气息。

　　丰收的景象像一幅色彩浓郁的油画。

5. 乡土　xiāngtǔ　（名词）　本乡本土。

～观念　～风味　～气息

例：我对这个地方的乡土人情很感兴趣。

　　中国人的乡土观念很重。

6. 风味　fēngwèi　（名词）　事物的特色（多指地方色彩）。

～小吃　家乡～　江南～

例：这首诗有浓郁的民歌风味。

　　夜色中的西关别有一番风味。

7. 通行　tōngxíng　（动词）

①通用，流通。

全国～

例：这个证件全国通行，你不用担心。

②（行人、车马等）在交通线上通过。

禁止～　优先～

例：遇见救护车时，要让救护车优先通行。

8. 守旧　shǒujiù　（形容词）　拘泥于过时的看法或做法而不愿改变。

思想～

例：你的这个办法过于守旧。

出生于20世纪50—60年代的父母亲，大部分思想都比较守旧。

9. 念念有词　niànniàn-yǒucí　（成语）　旧时迷信的人小声念咒语或祈祷的话。

例：奶奶在佛像前祈祷时，口中总是念念有词。

10. 晾　liàng　（动词）

①把东西放在通风或阴凉的地方，使干燥。

～干菜

例：刚刚炒出来的花生要晾脆了才好吃。

②晒（东西）。

～衣服

例：海滩上晾着渔网。

11. 围坐　wéizuò　（动词）　围成一圈而坐。

例：小时候，我们兄妹几个常常围坐在奶奶身边听她给我们讲故事。

同学们围坐在一起为小明过生日。

12. 赏心悦目　shǎngxīn-yuèmù　（成语）　指因欣赏美好的情景而心情舒畅。

例：花园里开满了五颜六色的花，令人赏心悦目。

看话剧对于他来说是一种赏心悦目的享受。

13. 浓重　nóngzhòng　（形容词）　（烟雾、气味、色彩等）很浓很重。

～的乡音　～的夜色　色彩～

例：桂花散发出浓重的香气。

他说话带有浓重的乡音。

14. 穿梭　chuānsuō　（动词）　像织布的梭子来回活动，形容来往频繁。

来回～　～时空

例：由于工作的原因，他经常要穿梭于两个城市之间。

快递员骑着电动车穿梭在城市的大街小巷。

15. 抽签　chōu // qiān　（动词）　从许多做了标志的签儿中抽出一根或若干根，用来决定某些事情。

例：这次考试的题目是通过抽签决定的。

足球比赛的抽签结果于今天下午公布。

16. 叫卖　jiàomài　（动词）　吆喝着招揽主顾。

沿街～　～声

例：穿过街道，沿街叫卖的各种小吃让人口水直流。

每到这个季节，都能听到这些卖花阿姨走街串巷的叫卖声。

17. 此起彼伏　cǐqǐ-bǐfú　（成语）　这里起来，那里落下，表示连续不断。

例：赛场上，呐喊声、欢呼声此起彼伏，场面十分热闹。

站在高处，看见远处的麦浪此起彼伏，十分壮观。

18. 自卖自夸　zìmài-zìkuā　（成语）　自己卖什么就夸什么好，比喻自我吹嘘。

王婆卖瓜，～

例：隔壁李阿姨总是说自己做的菜最好吃，真是“王婆卖瓜，自卖自夸”。

她总说自己的水果甜，不过是在自卖自夸。

19. 走街串巷　zǒujiē-chuànxiàng　走大街串小巷，指走遍居民聚集地的各个角落。

例：村里的老王从大年初一早上开始走街串巷，到晚上才回家过年。

他带着女朋友走街串巷，了解并感受广州当地人的生活。

20. 换岗　huàn // gǎng　（动词）

①原来站岗的人下岗，由接替的人上岗，继续执勤。

交通警察～

例：天安门广场每天都会举行卫兵换岗仪式。

②转换岗位；从一个岗位换到另一个岗位工作。

例：员工换岗前要进行岗位培训。

21. 登门　dēngmén　（动词）　到对方住处。

～拜访　～道歉

例：今天我要登门拜访我的大学老师。

他向受害人登门道歉。

22. 骚扰 sāorǎo （动词） 使不安宁；扰乱。

~别人 避免~ ~电话 性~

例：我已经说过不要来找我，你还是天天来，这不是追求而是骚扰。

他钻进了蚊帐里，躲避蚊虫的骚扰。

23. 阖家 héjiā （名词） 全家。

~团圆 ~欢乐 ~幸福 ~平安

例：值此新春佳节之际，祝您阖家团圆，万事如意。

他家门上贴着对联，其中一联写着“阖家团圆庆新春”。

24. 走运 zǒu//yùn （形容词） 所遇到的事情，恰巧符合自己的意愿；运气好。

不~

例：你真走运，好事都让你赶上了。

今天上班遇到了一个好心的司机，真是太走运了。

25. 冲撞 chōngzhuàng （动词）

①冒犯。

例：我很后悔说错了话冲撞了他。

②撞击。

例：这个司机酒后驾车冲撞了行人。

26. 困乏 kùnfá （形容词） 疲乏。

~无力 眼睛~ 精神~

例：夏天，人们常常感到身体困乏无力。

走了一天路，大家都困乏极了。

27. 相见 xiāngjiàn （动词） 彼此会面。

再次~ ~恨晚

例：希望多年后的我们能够再次相见。

离别是为了更好地相见。

28. 嚷嚷 rāng · rang （动词） 喧哗；吵闹。

瞎~ 乱~

例：别嚷嚷，人家还在休息。

大半夜听到楼上一个男的不耐烦地嚷嚷："别再说了！"

29. 公认　gōngrèn　（动词）　大家一致认为。

例：他的敬业精神是大家公认的。

她是人们公认的美女。

30. 往事　wǎngshì　（名词）　过去的事情。

回忆～　～历历在目

例：这张老照片唤起了妈妈对往事的回忆。

一提起童年，那些有趣的往事就在我的脑海里闪现出来。

31. 返老还童　fǎnlǎo-huántóng　（成语）　由衰老恢复青春。

例：要是我能返老还童该多好。

他们总是厌烦了孩童时代，急匆匆想长大成人，然后又渴望返老还童。

## 【非核心词语】

1. 二十四节气　èrshísìjiéqì　指中国农历中表示季节变迁的24个特定节令，每一个节气有15天。二十四节气歌："春雨惊春清谷天，夏满芒夏暑相连，秋处露秋寒霜降，冬雪雪冬小大寒。"（详见下表）

**二十四节气表**

| | | | |
|---|---|---|---|
| 春季 | 立春 | 雨水 | 惊蛰（zhé） |
| | 春分 | 清明 | 谷雨 |
| 夏季 | 立夏 | 小满 | 芒种 |
| | 夏至 | 小暑 | 大暑 |
| 秋季 | 立秋 | 处暑 | 白露 |
| | 秋分 | 寒露 | 霜降 |
| 冬季 | 立冬 | 小雪 | 大雪 |
| | 冬至 | 小寒 | 大寒 |

2. 土炕　tǔkàng　（名词）　中国北方用土坯或砖砌成的睡觉用的长方台。上面

铺席，下面有孔道，跟烟囱相通，可以烧火取暖，也称为“坑”，如“～头，暖～”。

3. 谷草把子　gǔcǎo bà · zi　（名词）　把谷子（粟）脱粒后的秆或稻草扎在一起的捆子。

4. 绒花　rónghuā　（名词）　用丝绒制成的花、鸟等。

5. 天井　tiānjǐng　（名词）　宅院中房子和房子或房子和围墙所围成的较小的露天空地。

6. 筛子　shāi · zi　（名词）　用竹篾、铁丝等编成的有许多小孔的器具，可以把细碎的东西漏下去，较粗的成块的留在上头。

7. 香烛纸马　xiāngzhú-zhǐmǎ　香烛，祭祀祖先或神佛用的香和蜡烛。纸马，印有神像供焚化用的纸片。

8. 门神爷　ménshén yé　（名词）　旧俗门上贴的神像，用来驱逐鬼怪。

9. 邪魔鬼祟　xiémó-guǐsuì　（名词）　妖魔鬼怪。这里泛指各种不好的运气、疾病、灾难等。

10. 辞岁　cí // suì　（动词）　旧俗农历除夕晚上家中晚辈向长辈行礼，互祝平安。

11. 荷包　hébāo　（名词）　是中华民族传统服饰中，人们随身携带的装零星物品的小包。

## 写作小技巧

# 场面描写的方法

场面描写是对在一定场合下，一个特定的时间与地点内许多人物活动的总体情况的描写，其中心构成是人物活动。它往往是叙述、描写、抒情等表述方法的综合运用，是自然景色、社会环境、人物活动等描写对象的集中表现。常见的有活动场面、节庆场面、比赛场面、战斗场面以及各种会议场面等。场面描写主要有以下几个要点：

1. 明确交代时间、地点、中心事件和人物

如“课前热身”中第二个例文的场面描写，时间为课间休息时，地点为操场上，

中心事件是同学们参加自己喜爱的课间活动，人物是同学们。

2. 点面结合

“面”指整体情形，“点”指事件中的主要人物或某个细节。如“课前热身”中第一个例文的场面描写，先总写街上人山人海的热闹场面，再分别叙述人们所参与的活动，如“有的人在挂写着‘新年快乐’的贺词灯笼，有的在买漂亮的衣服，还有的在买自己爱吃的零食。……”，既介绍了整体的面，又突出了具体的点。

3. 围绕一个主体气氛，营造及突出特定的环境氛围

如“课前热身”中第一个例文的场面描写，所围绕的主体气氛为过年时热闹的场景，通过对街上人山人海的场面、各种交织的声音和公园里的节日气息这些不同方面的描写，营造并突出了过年时的热闹这一特定的环境氛围。

4. 运用合适的动词、形容词，力求描写生动而有画面感

如“课前热身”中第二个例文的场面描写，写同学们玩“丢沙包”的游戏时，用到了这些富有动态性的表达“左躲右闪”“蹦来蹦去”等，描绘出了一幅颇具动感、富有生气的课间活动画面。

5. 综合运用叙述、描写、抒情等表达方法

用叙述来介绍场面描写的人物、时间、地点、事件等；用描写来具体刻画人物、事件的发展；用抒情来表达自己的观点和情感。如“课前热身”的场面描写前两个例文中，“此起彼伏，热闹极了。”“啊！新年到处一片热闹的景象。”以及“我们的课间活动，是多么丰富多彩啊！”这些富有情感的句子，都表达出作者在当时的情景中欢欣和愉快的心情。

## 文化点滴

# （一）中国民间的“本命年”习俗

“本命年”是指一个人的生辰属相与该年干支纪年排列的生肖相同的年份，十二年一轮回，也俗称“属相年”。民间也通常把“本命年”叫作“槛(kǎn)儿年”，即度过本命年

如同迈过一道槛儿一样。各地民间大多有一种说法，说人们在“本命年”里会遭遇厄运，常常会遇到很多不如意的事，比如生病、破财、犯小人等，甚至做出一些在平时看来荒诞不经的事情，因此也衍生出一些与本命年有关的禁忌习俗。比如：

1. 扎红腰带、穿红色内衣裤

每到本命年时，大人小孩往往都要买条红腰带系上，俗称“扎红”。此外，有的还会穿上红袜子、红裤头，认为这样才能趋吉避凶、消灾免祸。这种习俗一直流传至今，特别是每年快要过春节的时候，即将面临自己本命年的人们，都会十分重视。这也就是现在市场上被称为“吉祥带”“吉祥结”的红绸带热销的原因之一。本命年的人们将之系在腰间、手腕上，认为这样便可消解灾祸、化凶为吉。

2. 佩戴貔貅（pí xiū）

本命年佩戴“开光貔貅”。貔貅是中国古代神话传说中的一种神兽，龙头、马身、麟（lín）脚，形似狮子，毛色灰白，会飞。各地民间均认为貔貅有将邪气赶走、带来欢乐及好运的作用。

3. 垫红色鞋垫

本命年在鞋里垫上红色鞋垫，有踩尽天下小人，诸事顺利，让好运从每一天的每一步开始的寓意。

总之，本命年和中国的天干地支纪年紧密相关，又以中国人最喜欢的红色为依托，围绕着“趋吉避凶”的核心展开，迄今为止，它还在不断散发着某种神秘的魅力。

**【思考与练习】**

1. 请根据短文中的语境，猜测下列画线词语的意思。

干支纪年　厄运　犯小人　荒诞不经　衍生　趋吉避凶　消灾免祸　热销　开光

2. 你是怎么看待中国各地民间的“本命年”习俗的？

## （二）中国各地民间的寿诞礼俗

中国传统文化对于诞生、延寿特别重视，与寿诞活动相关的寿诞礼俗也由此应运而生。简单来说，寿诞礼即每当生日时举行的祝寿活动，俗称“做寿”“过生日”，一般指十年一次的大生日。男女寿诞也有不同的称呼，比如男子称“椿(chūn)寿”，女子称“萱(xuān)寿”。

“椿”是一种多年生落叶乔木，古代传说大椿长寿，庄子曾经说过“上古有大椿者，以八千岁为春，八千岁为秋”，可见它有多么长寿！因此古人就把它拿来比喻父亲，盼望父亲像大椿一样长生不老。后来为男性长辈祝寿，多尊称对方为“椿寿”。

“萱”则是一种草本植物，古代传说萱草可以使人忘忧。游子出门远行的时候，常常要在母亲居住的台阶下种上几株萱草，以免母亲惦念游子，同时让母亲忘记忧愁。因此，母亲的居处称为“萱堂”。所以，为女性长辈祝寿，一般尊称对方为“萱寿”。

“椿萱”合称即代指“父母”，父母都健在，则称为“椿萱并茂”。唐代牟融《送徐浩》诗：“知君此去情偏切，堂上椿萱雪满头。”这里“堂上椿萱雪满头”的诗句就是形容父母都老了，头发都白了。

此外，“悬弧(hú)之辰”也指男子生日，“悬帨(shuì)之辰”则指女子生日。《礼记·内则》：“子生，男子设弧于门左；女子设帨于门右。”“弧”，弓也；悬弧，古代习俗，生男孩，就在门的左首悬挂一张弓，后遂以“悬弧之辰”指代“男子生日”。“帨”，古代女子常用的佩巾，故古代习俗，在门的右首悬挂一条帨巾，表示生女孩，后遂以“悬帨之辰”指代“女子生日”。

俗话说：“十里不同风，百里不同俗。”中国各地民间的寿诞礼俗有较大的差异。但一般来说，只有到了一定的年龄，一般是到了五十岁，才能称其寿诞礼为“做寿”。中、青年过生日，一般都不请客庆贺。俗谚“不三不四”，讲的就是三十、四十岁不庆寿，逢这样的年纪，吃饭时一般只增加一些荤菜而已。四十岁不做寿，还因“四”与“死”谐音，做寿不吉利。所以民谚云：“三十、四十无人得知，五十、六十打锣通知。”又有“做七不做八”之说，因此，八十岁寿辰多延至下年补办，俗称“补寿”“添寿”，也有一些地方提前一年庆寿；旧俗还因百岁嫌满，满易招损，故不贺百岁寿。

各地民间一般逢十称“大寿”，如“五十大寿”“六十大寿”“七十大寿”等。但这种大寿并非真正逢十，而多是指四十九、五十九、六十九等逢九的岁数。因为九在十个数字中数值最大，人们为讨个吉利，故形成了这种“庆九不庆十”的风俗。

做大寿前一般要向至亲好友发寿柬。寿柬是专门用来邀请亲友前来参加自己长辈寿辰的请帖，通常都是由子孙或亲友具名，寿星自己不具名。寿柬的格式与写法除了遵循请帖的要求外，还有一些固定的用语，如父亲称“家严”，母亲称“家慈”。

一般是在做寿的前三日发送请柬，否则就被视为失礼。故民谚曰：“三日为请，二日为叫，当天为提来。”亲友接到请柬，便准备寿礼，届时前往拜寿。主人则要大摆寿宴，款待宾客。但如果父母在世，即使年过半百也不能“做寿”，因为“尊亲在不敢言老”。旧时，凡大办寿庆，多是富室且有社会地位之家，贫穷人家一般不做寿。

另外，除对老年人的延寿、祝寿等习俗之外，汉族各地也非常重视诞生礼俗，毕竟孩子的出生代表着家族血脉的延续，是一件值得庆祝的喜事，而且众多诞生礼俗本身就包含着祈求孩子长命百岁、富贵安康的美好祝愿。当然，汉族各地的诞生礼俗不尽相同。但一般来说，汉族各地都有“弥月之喜”“过百岁”“抓周”等习俗。

在孩子出生一个月时，一般要办满月酒席，祝贺母子平安，谓之“弥月之喜”。为孩子庆满月俗称“吃喜”。满月礼俗中，最重要的仪式是“剃满月头”，有的地方也称为“落胎发”。这是新生儿出生后第一次理发。新生儿的胎发受之于父母，因此，剃胎发各地均格外重视。

“过百岁”则是婴儿出生百日的庆贺仪式。举行这一仪式，是取百日之“百”的吉祥含义，祝福小儿长命百岁。这天外婆等亲戚朋友再赠礼物，主家则设宴款待。小儿如体弱多病，或家长怕孩子将来不长寿，常要用银锁锁在婴儿的脖子上。铸银锁的银两还要聚百家钱来置办，故名“百家锁”。富户可通过大宴宾朋，接受众人贺礼，来获得百家之钱；而一般人家只能在邻里中挨家挨户乞讨钱粮，表示给孩子吃“百家饭”，或到每家乞讨一根线，佩戴在脖子上，曰“百家线”。民间认为孩子吃了“百家饭”或佩戴了“百家线”就可以长命百岁。

“抓周”，亦称“试儿”“试周”，是在小儿周岁之时预测其性情、志趣、前途与职业的民间庆祝仪式。婴儿出生满一年，古称“周”，现称“周岁”，这天不仅要庆贺，而且还要举行“抓周”仪式。届时，亲戚朋友都要带着贺礼前来观看、祝福，主人家设宴招待。这种宴席必须配以“长寿面”，菜名多取“长命百岁”“富贵康宁”之意，要求吉庆、风光。

“抓周”之时，一般是将各种物件罗列在孩子面前，男孩一般为弓箭、笔墨、书本，女孩一般为刀尺、针线等，任之自取以观其志。人们用这种方法预测小儿的性情、志趣和前途，充满了祝福与希望之情。周岁礼俗后，诞生礼也就随之结束了。

**【思考与练习】**

1. 根据短文中的语境，请猜测下列画线词语的意思。

应运而生　落叶乔木　游子　惦念　健在　椿萱并茂　打锣　满易招损　寿柬　具名　届时　富室　弥月之喜　抓周　落胎发　挨家挨户

2. 文中介绍的这些寿诞礼俗你都了解了吗？除此之外，你还知道哪些重要的寿诞礼俗呢？

3. 参加寿诞礼时，你知道如何准备礼物吗？

## 练习

### 一、词语连线

| | |
|---|---|
| 色彩 | 团聚 |
| 风味 | 守旧 |
| 穿梭 | 缤纷 |
| 阖家 | 往来 |
| 登门 | 浓郁 |
| 思想 | 道谢 |

## 二、根据课文所学词语完成下列词语并造句

1. 念念（　　）（　　）______

2. 赏心（　　）（　　）______

3. 此（　　）彼（　　）______

4. 自（　　）自（　　）______

5. （　　）街（　　）巷 ______

6. （　　）老（　　）童 ______

## 三、选词填空

浓重　通行　鲜艳　骚扰

浓郁　流行　鲜明　打扰

1. 农村里过年时的风味要比城市里（　　　）很多。

2. 他讲普通话有着（　　　）的地方口音。

3. 这个故事里所描写的人物性格十分（　　　），让人印象深刻。

4. 春天到了，公园里的花开得非常（　　　）。

5. 大雾散去，高速公路终于（　　　）了。

6. 我最喜欢的是（　　　）歌曲。

7. 如果是陌生号码打来的电话，很有可能是（　　　）电话，最好不要接。

8. 对不起，（　　　）您一下，您可不可以帮我开一下门？

## 四、请用括号中的提示词完成下列句子

1. 现在社会变化这么快，______。（守旧）

2. 每到过年时，______。（围坐）

3. 既然不知道到底该谁去，______。（抽签）

4. 我们学校的保安______。（换岗）

5. 既然让你参加你就不要推辞了，______。（免得）

6. 这里是公共场合，______。（嚷嚷）

7. 我和同学们约定______。（相见）

## 五、请用括号中的提示词改写句子

1. 我们应该先做好自己的事情，而不是去评论别人做得对与错。（说闲话）

______________________________________________。

2. 我们不能把一个人的成功仅仅归功于他的幸运。（走运）

______________________________________________。

3. 工作了一天，我感到十分疲倦，只想马上回家休息。（困乏）

______________________________________________。

4. 大家一致认为他是班里最多才多艺的学生。（公认）

______________________________________________。

5. 这些过去的事情你就不要再提了。（往事）

______________________________________________。

## 六、排列句序

1. 正确语序是______________

A. 抹在灶王爷嘴唇上

B. 人们把灶王爷的神像揭下来，烧掉之前

C. 叮嘱他上天言好事，下界保平安

D. 会从糖瓜上抠下几小块糖

2. 正确语序是______________

A. 小孩子在饺子上锅之前

B. 才能往锅里下饺子，院子里放鞭炮，门框上贴对联

C. 等到新年的钟声响起

D. 纷纷给老人们磕辞岁头，老人要赏压岁钱

3. 正确语序是________________

A. 人们都要去爬山、野餐，观赏景色

B. 并将这一天叫作“重阳节”

C. 古时候，每到农历九月初九这天

D. 古人称之为“重阳登高”

4. 正确语序是____________________

A. 有这样一些学者，他们研究、关注木版年画

B. 他们希望借此唤醒国人对民间文化艺术的认识

C. 木版年画的兴衰折射着中国民间文化艺术的辉煌与尴尬

D. 因为在他们眼中

5. 正确语序是________________

A. 这话不假

B. 恐怕十个有九个会说：北京烤鸭

C. 与上海朋友聊起北京有什么风味食品

D. 不过那是大菜

## 七、根据课文内容完成下面关于中国春节习俗的表格

中国春节习俗一览表

| 时间 | 习俗（食物/活动） |
| --- | --- |
| 腊月初一 | |
| | |
| | |
| | |
| | |
| | |
| | |

## 八、请把下面的场面描写补充完整

（1）第二局的拔河比赛要开始了。在班主任老师的鼓舞下，我们全班同学又振奋起了精神。看，我们男生每个人都____________________________________________

________________________________________________________________

________________________________________________________________

________________________________________________________________

______________________________________________________________。

"我们赢了，我们赢了！"大家都欢呼着。

（2）来中国学习和生活已经两年多了，为了感受当地人的真实生活，今天我特地起了个大早，来到了学校附近的一家菜市场。刚到菜市场，我已经被眼前热闹的景象惊呆了。______________________________________________

________________________________________________________________

________________________________________________________________

________________________________________________________________

________________________________________________________________。

这可真是一个收获满满的早上！

## 九、写作训练

请仿照课文中有关场面描写的方法，对你自己国家在最盛大的节日时的某一场景进行描写，字数600字左右。

## 扩展与实践

1. 在你去超市时是否注意过在某个时期尤其是年底，超市里都会摆满红色的内衣裤，这个现象应该与什么有关呢？在你自己的语言文化中，是否有和中国的"本命年"对应的说法或做法？如果有，在那段时间里有什么特别的讲究吗？

2. 请按国别把班里的学生分成不同的小组，每组最多5个人（若同一国家的同学多于5人，可分为多个小组），以小组为单位选定自己国家的某一个节日（若有与中国相同或类似的节日与习俗，可与之进行对比），选取该节日里具有代表性场面的一些图片，做成PPT，以口述的形式向全班进行介绍。

3. 请查找资料，谈谈以下食品主要是什么时候吃的，都有什么含义。

饺子　年糕　汤圆（元宵）　粽子　月饼　红鸡蛋　寿面　喜糖

4. 你觉得什么是"年味儿"？现在不少人认为"过年没有年味儿了"，对此你有何看法？请至少调查三个中国人（选择不同年龄段的或者来自不同地域的），了解他们对"年味儿"的看法。

| 序号 | 调查对象（年龄/地域） | 对“年味儿”的看法 |
|---|---|---|
| 1 | | |
| 2 | | |
| 3 | | |

5. 看看下面的两幅图分别代表什么。

图1　十二生肖

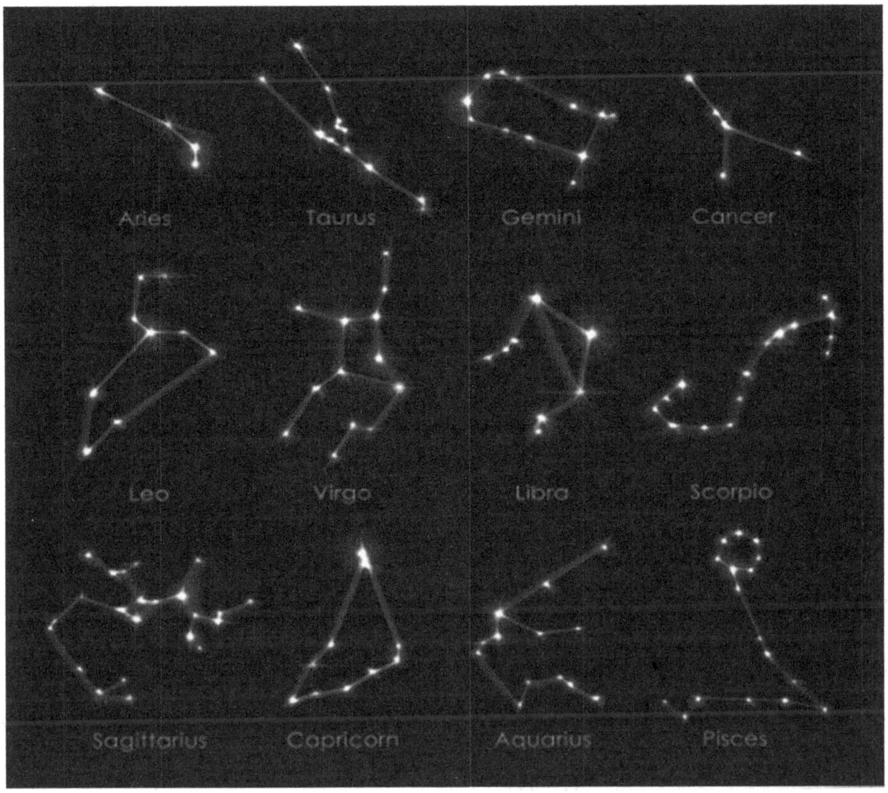


图2　十二星座

中国人讲究“十二生肖”，西方流行“十二星座”，对这两种文化现象，你了解多少？它们之间有什么相似或不同的地方吗？你对哪个更感兴趣呢？

请以两个人为一组，自行从网上查找相关信息，结合本课所学的“本命年”，说一说你对它们的认识和理解。

# 第六课　恒久[1]的滋味[2]

## 课前热身

1. “那只羚(líng)羊哪儿去啦？”妈妈突然问我。

妈妈说的羚羊是一只用黑色硬木雕成的工艺品。那是爸爸从非洲带回来给我的。它一直放在我桌子上。

这会儿，我的心怦(pēng)怦地跳了起来，因为昨天我把它送给我的好朋友万芳了。

（节选自张之路：《羚羊木雕》）

问：你觉得文章接下来会写什么？

2. 礼堂里坐满了人，我们毕业生坐在前八排，我又是坐在最前一排的中间位子上。我的衣襟(jīn)上有一朵粉红色的玫瑰花，是临来时妈妈从院子里摘下来给我别上的。她说：“玫瑰花是你爸爸种的，戴着它，就像爸爸看见你上台时一样！”

爸爸病倒了，住院不能来。

______________________________

______________________________

“没有爸爸，你要自己照顾自己和弟弟妹妹，你已经大了，是不是？”

“是。”我虽然这么答应了，但是觉得爸爸讲的话使我很不舒服，自从五年前的那一次，我什么时候再迟到过？

______________________________

______________________________

（节选自林海音：《爸爸的花儿落了》）

问：上文中画横线的地方，你觉得作者会写些什么？

3. 营销真的是一件很有意思的事儿，就像今天，我们仨明明只是去买双鞋，付了款，原本应该直接走了的，结果因为两张简单的礼品兑换券让我们去了两家珠宝店。

问：你觉得接下来作者会写什么内容？

## 课文

人的一生，会经历许多味觉，这些味觉停留在记忆中，成为生命的滋味。

小时候，喜欢吃糖，甜味停留在孩童时代的记忆中，不只是口腔四周的快乐，同时会唤起许多满足、幸福、**受宠**[3]的回忆。

几乎每一个儿童都有过爱吃糖的记忆，在许多民族的语言文字中，“糖”“甜”都已经不单单只是生理味觉上的反应，

“sweet”“candy”也同时包含了满足、幸福、爱等心理上的感觉。

甜味可能是人生第一个向往的味觉，甜味停留在记忆里，也就有了童年全部的幸福感受。人不会一直停留在童年，因此人也不会一直满足生命里只有甜味。甜味是幸福，但是甜味太多，也觉得腻。

我不知道从什么时候开始喜欢上了酸味。

大概是在身体**发育**[4]之后，十二三岁左右，被称为青少年，好像没有熟透的果实，透着一种**青涩**[5]的酸味。就像没有放糖的柠檬汁，那种酸让人初尝到生命里的一种失落、怅惘，一种不严重的感伤。

酸是一种味觉吗？

唤起……的回忆，如：唤起儿时的回忆　唤起甜蜜的回忆

“单单”和“只”意思一样，一起用表示更加强调。例：我和他只单单说过一句话，并不了解他。我单单只知道他的名字，其他什么都不知道。

“他说话酸酸的”“生活穷酸”中的“酸”是什么意思？

为什么我们说一个人“好酸”，当然不是他身上的气味，而是他**透露**[6]出的一种在得不到时的一点点**嫉妒**[7]、**讽刺**[8]、不满足的怨愤委屈吧。记忆里**嗜**[9]吃甜食的童年，偶然吃到母亲调了许多醋的面条，立刻皱起眉头，酸得全身皱缩起来，那时还不懂得“酸”的意味。等到我在青少年时期，挤了满满一杯纯柠檬汁，不放糖，咕嘟(gū dū)咕嘟喝着，忽然仿佛懂了生命中原来除了“甜”，还有别种滋味。

但是我品味着“酸”的时候，还是不能了解，为什么母亲会顿顿饭都吃苦瓜，极苦极苦的瓜，加上极臭极臭的豆豉，极辣极辣的辣椒，极咸极咸的小鱼干，用热油爆炒，还没有吃，远远闻着，扑鼻一阵咸、辣、臭、苦，**呛**[10]鼻刺激的气味，呛到使人喉头**哽咽**[11]，呛到眼泪止不住。我长大之后，看着母亲**沉溺**[12]在这样的味觉里，听她**叙述**[13]**战乱**[14]里人的流离，描述炸弹落下来，刚才说话的人，忽然就不见了。她是在咸、辣、臭、苦里，回忆着**五味杂陈**[15]的一生吗？

“五味杂陈”是哪五味？你觉得人生还有别的味道吗？

五味杂陈，说的是味觉，但也是人生。

人生应该只有甜味吗？还是在长大的过程中，一步一步，随着年龄的增长，随着生命经验的扩大，我们的味觉也在经历不同的记忆？我在甜味里记忆幸福满足，在酸味里学习**失落**[16]的怅惘，在辣味里体会热烈**放肆**[17]**逾越**[18]规矩的快感。

我终于也学会了品尝苦味，在母亲临终的时刻，我怀抱着她的身体，懂得了一种苦味，比甜味安静，比酸味丰富，比辣味深沉庄严。我难以形容，但是我知道，我不能拒绝生命里这样的苦味，我终于知道：不管我多么眷恋不舍，母亲还是要走！我也终于知道：我人生的滋味是大部分从母亲处学来的。

酸甜苦辣分别代表怎样的记忆？

从小到大，记忆里最不能忘记的滋味都从母亲的饭菜里学来。我们很少上餐厅，母亲总是一边摘菜叶，一边**娓娓**[19]说着故事，她用小火煎着一条鱼，鱼的酥香久久停留在空气中，至今也似乎没有**消逝**[20]。母亲的菜有糖醋的，有**腌渍**[21]的，有抹了花椒的，有酸辣的，有辣苦的。她教会了我去品尝各种滋味，品尝各种味道混合的**不可言喻**[22]的滋味。

但是母亲的滋味里有一种**仪式**[23]，她会特别慎重地**料理**[24]各种食材，那滋味却只是米麦五谷*的**平淡**[25]。

五谷：古代中国人的主食。现在泛指粮食。

每一年过年，母亲都要蒸一百个馒头，蒸锅里的水，大火煮沸，蒸气白烟**缭绕**[26]，馒头要蒸得白胖圆满，用来在年夜**祭拜**[27]祖先，也象征**预兆**[28]一年的平安**祥和**[29]。母亲在揭开蒸笼的盖子时，**庄严**[30]肃穆的表情，使我难忘，她没有任何宗教信仰，但是她有对生活的**虔诚**[31]。

一说到新年，你脑子里出现的第一个画面是什么？

馒头饱满丰圆，透着淡淡的五谷的香。我负责的工作是在每一个馒头正中心用筷子点一个红点。红染料用天然胭脂（yān zhī）*调成液体，用筷子头**蘸**[32]着，刚好一个圆圆的红点。母亲在一旁**叮咛**[33]：要点在正中心哦！那时候还没入学，大概四五岁，我也开始学会了慎重庄严的**举止**[34]。

胭脂：一种用于化妆和国画的红色颜料。

我如此贴近那些馒头，好像麦子在土地里、阳光里、雨水里的全部的生命都给了我，平淡**悠长**[35]而且**沉着**[36]，在所有的滋味之上，是更恒久的滋味吧！

（选自蒋勋：《恒久的滋味》，有删改）

**作者简介：**

蒋勋，中国知名画家、诗人与作家。1947年出生于西安，成长于台湾。台北中国文化大学史学系、艺术研究所毕业，曾在法国巴黎大学艺术研究所学习。文章兼具感性与理性之美。蒋勋的母亲是清朝官员家庭的独生女，经历了改朝换代、战乱逃亡。她善于讲故事，故事是蒋勋记忆中最早的文学感动。

## 生词

1. 恒久　héngjiǔ　（形容词）　长久的，永恒的。

~的爱　~的记忆

例：恒久的爱，不是从来不变的，而是需要一直去保护和更新的。

在这里留学的日子，已变成我恒久的记忆。

2. 滋味　zīwèi　（名词）　味道。后来引申为内心的感受。

有滋有味　不是~（心里难过）

例：这道菜的滋味，只有亲自尝过才知道。

看着孩子痛苦的样子，他的心里真不是滋味。

3. 受宠　shòu // chǒng　（动词）　受到宠爱，受到偏爱。

十分~　~若惊

例：他的热情接待，让我有点受宠若惊。

小乐乐聪明可爱，在家里十分受宠。

4. 发育　fāyù　（动词）　生长成熟；发展。

~期　~良好/不良

例：青少年正处于生长发育期，一定要保证充足的睡眠。

5. 青涩　qīngsè　（形容词）　原指果实未成熟，果皮是青色的，味道微苦。现在多用来比喻人，形容少年不经世事、单纯明净的样子。

~容颜　~少女

例：现在的芒果都还比较青涩，想吃香甜的芒果还要等几天。

工作了几年，我们从青涩走向成熟。

6. 透露　tòulù　（动词）　显露，表达；故意泄露（消息等）。

~消息　~心声

例：这个是国家机密，不能向无关人员透露。

我这人从来不透露半点朋友的秘密，你放心吧。

7. 嫉妒　jídù　（动词）　对他人的优势感到羡慕、不甘和提防。

例：内心充满嫉妒的人，是很难交到朋友的。

你嫉妒她的成绩，是因为你没有看到她付出的努力。

8. 讽刺　fěngcì　（动词）（用比喻、夸张等艺术手法对人或事）进行揭露和批评。

~时政　~诗　~漫画

例：我喜欢看讽刺漫画。

鲁迅的很多小说都在讽刺人性中的丑恶。

9. 嗜　shì　（动词）　喜欢，爱好。

~酒　~睡

例：他的不良嗜好太多了，如抽烟、嗜酒、赌博。

吃了这种感冒药会嗜睡，注意不要开车。

10. 呛　qiàng　（动词）　闻到刺激性的气味而感觉难受。

例：旁边有人吸烟，我被呛得不停咳嗽。

一打开这瓶酒，我就闻到了一股呛鼻的味道。

11. 哽咽　gěngyè　（动词）　哭时不能痛快地出声。

~落泪

例：她哽咽地说着儿子去世的经过。

我到现在都记得他低下头哽咽落泪的样子。

12. 沉溺　chénnì　（动词）　沉溺，迷恋。不加节制地喜好某个事物。

～于……

例：他沉溺于打游戏，只要见他就一定会看到他在打游戏。

人要有梦想，但是不能沉溺于梦想，忘了现实。

13. 叙述　xùshù　（动词）　记载或讲述事情的经过。

～顺序　～事件

例：他把事情的经过简单地叙述了一遍。

写新闻要按照一定的叙述顺序，把事件的前前后后交代清楚。

14. 战乱　zhànluàn　（名词）　战争的祸乱；由战争引发的混乱的局面。

遭受～　历经～

例：近代中国遭受了近百年的战乱。

不少珍贵的文物经过战乱以后，都毁坏或遗失了。

15. 五味杂陈　wǔwèi-záchén　（成语）　指甜、酸、苦、辣、咸五种味道混杂在一起，形容心情或感受很复杂。

例：看到心爱的女孩嫁人了，他的心里五味杂陈。

想到人生中的大起大落，成功、失败、挫折、欢乐，他心里五味杂陈。

16. 失落　shīluò　（动词）　感觉到失望、灰心、沮丧。

～感　倍感～

例：当你感到失落时，要对自己有信心。

当人的期望落空时，不可避免会产生失落感。

17. 放肆　fàngsì　（形容词）　任意作为，不加约束，（言行）轻率，没有顾忌。

大胆～　言行～

例：他竟敢辱骂客户，真是太放肆了！

这里是公司，你不要太放肆，有什么事我们回家再说。

18. 逾越　yúyuè　（动词）　跨越，超越。

不可～　～山峰　～险阻　～本分

例：长江天险在古代是不可逾越的。

他和父亲之间有一道不可逾越的鸿沟。

19. 娓娓　wěiwěi　（形容词）　形容说话自然、从容，言语很动听。常说“娓娓道来”。

~道来 ~而谈 ~动听

例：他把事情的经过娓娓道来。

老师的故事讲得娓娓动听，同学们都入迷了。

20. 消逝 xiāoshì （动词） 消失并逝去，不复存在。

逐渐~ 时间~

例：流星眨眼间就消逝了。

时间在不知不觉间消逝，我们马上就要毕业了。

21. 腌渍 yānzì （动词） 将食盐或食糖渗入食品里，以保存食物。

~食品 ~方法

例：我最爱吃妈妈腌渍的大白菜。

腌渍不一定用盐，也可以用糖。

22. 不可言喻 bùkě-yányù （形容词） 不能用语言说明白。

例：真正的幸福是一种不可言喻的美妙感觉。

他的身上带着一种不可言喻的特质，能让人感到安心和可靠。

23. 仪式 yíshì （名词） 典礼的秩序与形式；规定的形式、程序。

升旗~ 交接~ 欢迎~

例：为了迎接新同学，我们举行了盛大的欢迎仪式。

学校每周一都举行升旗仪式。

24. 料理 liàolǐ

①（动词） 管理，安排；处理，对付。

~后事 ~食材

例：妈妈为了料理好家里的事情花了很多时间，她的生活并不清闲。

奶奶去世以后，爸爸回乡下为她料理后事。

②（名词） 菜肴。

中国~ 法式~

例：中午我们没有做饭，去餐厅吃了日本料理。

25. 平淡 píngdàn （形容词） 平常，普通，不曲折。

故事~ 生活~ ~无味

例：他讲的故事太平淡了，一点儿都不好听。

平淡的生活是我所向往的。

26. 缭绕 liáorào （动词） （烟雾）一圈圈向上飘起；回旋环绕。

烟气～ 云雾～ 歌声～

例：清晨，在远处的山峰上方，有云雾缭绕。

她那美妙的歌声，至今还在我的耳边缭绕。

27. 祭拜 jìbài （动词） 祭祀礼拜。

～祖先 ～神灵

例：清明节是祭拜祖先的节日。

在这个特殊的节日里，人们祭拜神灵，以求庇佑。

28. 预兆 yùzhào （动词） （某种迹象）预示将要发生某种事情。

没有～ 不祥的～

例：瑞雪预兆来年丰收。

他心里很乱，今天的热烈正预兆着明天的冷清。

29. 祥和 xiánghé （形容词） 吉祥，和平，宁静，美好。

一片～ ～喜乐

例：节日里广州城到处张灯结彩，一片祥和喜乐。

人人都能看到希望，社会就会安定祥和。

30. 庄严 zhuāngyán （形容词） 庄重而有威严；端庄、严正。

～肃穆 ～的时刻

例：本届全国人民代表大会的会场布置得隆重庄严。

在这庄严的时刻，敬爱的毛泽东主席宣布中华人民共和国成立了。

31. 虔诚 qiánchéng （形容词） 恭敬而有诚意（多指宗教信仰）。

例：他是一位虔诚的信徒。

向神明跪拜时，他的表情十分虔诚。

32. 蘸 zhàn （动词） 沾染（液体，酱料等）。

～水 ～酱 ～着吃

例：你蘸点水擦会擦得更干净。

薯条要蘸番茄酱吃才美味。

33. 叮咛 dīngníng

①（动词）　叮嘱，反复地嘱托或吩咐。

细语～　反复～

例：老人对儿子不放心，临走前抓着他的手反复叮咛。

②（名词）　叮嘱。

例：爸爸妈妈的叮咛我都不会忘记。

34. 举止　jǔzhǐ　（名词）　动作和行为。

～优雅　言行～

例：姐姐举止优雅，他则比较粗鲁，刚好相反。

　　这是公共场合，请注意自己的举止。

35. 悠长　yōucháng　（形容词）　久远，深长，（声音）徐缓、持久。

～的钟声　～的岁月

例：我们在街上慢慢走，远处传来悠长的钟声。

36. 沉着　chénzhuó　（形容词）　从容镇定，不慌不忙。

～应对　～冷静

例：考试遇到难题时，我们要沉着应对。

　　遇到危险我们要沉着冷静，才能想到解决的办法。

## 【非核心词语】

1. 怨愤　yuànfèn　（形容词）　怨恨、气愤。
2. 流离　liúlí　（动词）　流落离散；流浪。
3. 炸弹　zhàdàn　（名词）　可爆炸的杀伤武器。
4. 临终　línzhōng　（动词）　（人）即将死亡。
5. 沸　fèi　（形容词）　水开了，气泡翻滚。
6. 蒸气　zhēngqì　（名词）　气态的水。
7. 肃穆　sùmù　（形容词）　严肃、庄重。

## 写作小技巧

# 顺叙和倒叙

写事情要有个顺序。先写什么，后写什么，安排得恰当，才能叙述得条理清楚。最常见的记叙顺序是顺叙、倒叙。

顺叙是写记叙文最常用、最基本的方法，一般是指按照事件发展的时间先后次序来写，也就是先发生的先写，后发生的后写。采用这种方法，能使文章的层次同事件发展的过程基本一致，就容易把事件说清楚。

顺叙的方法可分为以下几种：

一是完全按时间顺序记叙，比如写一次旅行，按照“准备行程—开始旅行—总结感受”这样的顺序来写。

二是以地点的转换为顺序来叙述事件，比如写运动会的时候，不同的场地在进行不同的比赛。

三是以事情的内在逻辑联系为顺序来叙述事件，比如用几个事例从不同方面讲述一个主题或一件事。就像有的电影在整部电影中讲的都是一个故事，但从受害者、施害者、旁观者三个角度分别展示给大家。

倒叙是根据表达的需要，把事件的结局或某个最突出的片段提在前边叙述，然后再从事件的开头按原来的发展顺序进行叙述。也就是说把后发生的事件放在前面写。倒叙能增强文章的生动性，使文章更加吸引人，同时也可以避免叙述的平板和结构的单调。

倒叙并不都是把结局放在开头，它的类型大致有三种：

一是把结局提前。比如这样的文章开头：

两年了，丽娜再也没有和我联系过。她不愿意再理我！

二是把中间最突出的部分提前。比如有篇文章一开头就写了一场车祸的现场，然后再介绍事情的起因，最后写结果：

“哎呀！你怎么开车的？怎么开到我们店里来啦！”

三是由眼前事物引起对往事的回忆。比如这样的文章开头：

又到了凤凰花开毕业的季节了，我不由得想起三年前的那个夏天。

使用倒叙的方法应注意的要点有：

一是运用倒叙，一定要有过渡句或过渡段衔接。当倒叙的部分叙述完毕回到顺叙时要交代清楚。否则，会使文章头绪不清，脉络不明，影响内容的表达。比如：

大家都爱刘老师，每个学生都觉得她美丽、温柔、可爱。可是没有一个人比我更爱她！这里有一个不一般的缘故。

二是文章开头交代了事件的结局后，要转回到事件的开头，从起因写起。比如：

两年了，丽娜再也没有和我联系过。她不愿意再理我！我深深地伤了她的心，每次想起来我都悔恨不已。那是两年前，我们都在读高三的时候。

三是在叙述完事件的经过后，还要回到结局上来，这样才能首尾相合、结构完整。比如：

一年过去了，一走到地铁站，我就会想到我们告别时的情景。不知道她现在是否幸福？

## 文化点滴

# 汉语中与味道有关的词语

汉语里，舌头、鼻子对物质的感觉都用“味”这个词。味道分为七种：酸甜苦辣咸香臭，于是汉语中，人们用这七种味道营造出众多与饮食相关的文化词汇。例如：

“香”常用来比喻或形容好的、受欢迎的人和事。“她很吃香”比喻“她很受欢迎”；“她睡得很香”形容“她睡得很熟”。

“臭”，难闻的气味，多用于形容、比喻惹人厌恶的人和事。“臭名”（坏名声）、“臭棋”（棋下得很差）、“臭钱”（表示对钱的轻蔑）。

“甜”，好的味道，常常用于形容好的人和事。“她笑得很甜”（形容笑容灿烂）；“甜言蜜语”（为讨好或哄骗别人而说的好听的话）；“甜头”（引诱人的好处）；“日子过得甜甜蜜蜜”（形容生活过得很愉快、很幸福）。

“苦”，不好的味道，常用于形容不好的事物。比如“苦头”，与“甜头”相对，指

“苦痛、磨难、不幸”；“苦海”，原是佛教用语，用来比喻艰难困苦的环境；“苦差”指艰苦的差事，没有什么好处的差事；“苦工”，既指繁重的体力劳动，也指那些被迫从事艰苦繁重的体力劳动的人；“苦水”，指“心中藏着的痛苦”；“苦笑”，指“心情不愉快而勉强做出的笑容”；“苦果”，则比喻“很坏的、痛苦的结果”；“苦酒”指“劣质味酸的酒”，比喻痛苦、辛酸的生活感受。

“酸”，一种不太好闻的味道，也常被用于形容不好的人或事。比如“心酸”，指“心里悲痛”。例如，这出戏看了让人心酸。“酸溜溜”，形容轻微嫉妒或心里难过的感觉。例如，听到被表扬的不是自己，她心里有点儿酸溜溜的。“酸楚”，指“心酸苦楚”。例如：

看到以前的好友落到如此地步，他心头一阵酸楚。

因为古代最早的酸味大都用青梅来调，后来人们从造酒中得到启发，酿造出了醋，于是“醋”就成了“酸”的代名词。由“醋”的酸味就又引申出“迂腐、嫉妒”等新的文化义。比如，古代那些嘴上挂着“之乎者也”的迂腐的读书人常被称为“酸秀才”。“爱吃醋”多用来比喻在男女关系上容易产生嫉妒情绪，因此，“醋罐子”也就用以比喻在男女关系上嫉妒心很强的人。“半瓶醋”则比喻对某种知识和技术只知道点皮毛的人。例如，谁愿请他这个半瓶醋的木工师傅呢？另外，“添油加醋”则形容叙述事情或转述别人的话时，为了夸张渲染，添上原来没有的内容。例如：

你按实际情况说，别添油加醋。

“辣”，一种具有强烈刺激性的味道。多用于比喻言辞激烈、手段狠毒、性格泼辣等。比如“辛辣”，比喻文章、语言尖锐而刺激性强；“心狠手辣”“辣手摧花”，形容人狠毒；“毒辣”，指手段或心肠恶毒；“火辣辣”，形容热情的话语、目光、性格；“老辣”常用来形容人的性格或手段老练、狠毒。此外还有“阴险毒辣”“口甜心辣”等都与“狠毒”之义有关。

“咸”也是一种不太好的味道。“苦”和“咸”味感接近，这两种味道人们大多不太喜欢，因此多用于形容不好的事物。但“咸”字的构词能力比较低，所构成的词较少。如“咸苦”，咸而发苦；“咸腥”，指又咸又腥；“咸涩”，咸而带苦的味道。

**【思考与练习】**

读了上面的短文，你能正确理解下列句子的意思吗？

（1）他的嘴很甜，是爸爸妈妈最疼爱的孩子。

（2）他们俩的生活越过越甜，天天吃香的喝辣的。

（3）三天没吃米饭，脚都饿酸了。

（4）他这个人嘴里甜如蜜，心里辣似姜。

（5）吃得苦中苦，方为人上人。

（6）她是个性格泼辣的女孩儿。

## 练习

### 一、选词填空

平淡　讽刺　透露　逾越　悠长　消逝

平凡　嘲笑　显露　超过　悠久　消失

1. （　　　）的故事无法吸引读者。

2. 据罪犯周围的人（　　　），这个人平时脾气就很急躁，容易发火。

3. 我们的人生目标不一样，你渴望成功、做名人，我只想做（　　　）的人，过（　　　）的生活。

4. 学了半年的法语，还是一句话也说不好，我不禁（　　　）自己没有天分。

5. 他说自己最讨厌说谎的人，（　　　）的是，朋友们都不相信他说的话。

6. （　　　）三成的游客选择在网上预订门票。

7. 《红楼梦》是中国古代文学中难以（　　　）的高峰。

8. 日落时分，我们听到了寺庙传来（　　　）的钟声。

9. 中国有着（　　　）的历史和灿烂的文化。

10. 时间（　　　）得太快，再也不会回来。

11. 找了半天也没看到，哪里都找不到，钥匙好像（　　　）了。

12. 这孩子从小就（　　　）出惊人的记忆能力。

### 二、请用括号中的提示词完成句子

1. 优秀的人自然____________________________________。（嫉妒）

2. 平安夜，整个城市都笼罩在________________。（祥和）
3. 出门前，妈妈反复________________。（叮咛）
4. 这里是公共场合，________________。（举止）
5. 她和孩子分别了整整一年，团聚时________________。（不可言喻）
6. 比赛结束后________________。（仪式）

## 三、下列词语让你联想到了什么？每一个词语至少写出三个关联词语

例：仪式　庄严　宗教　祭祖

奥运会开幕式 ________________

流泪 ________________

战争 ________________

童年 ________________

临终 ________________

## 四、请用括号中的提示词改写句子

1. 气象学家认为“瑞雪兆丰年”有科学根据，大雪往往表明未来的丰收。（预兆）

________________

2. 有知情的人说，俩人可能在今年年底结婚。（透露）

________________

3. 这次百米短跑的纪录一直到十五年后才被超越。（逾越）

________________

4. 爷爷走了，但是关于他的记忆一直在我心里。（消逝）

________________

5. 兄弟姐妹四个里面，爸爸妈妈最疼爱的就是她了。（受宠）

________________

## 五、排列句序

1. 正确语序是________________

A. 不仅很多中国人到中餐馆吃团圆饭

B. 唐人街中餐馆的生意一到春节就格外火爆

C. 很多当地人也会在除夕夜到唐人街吃饭

D. 生意火爆的现象是从春节前一天晚上的团年饭开始的

2. 正确语序是__________________

A. 含糖越多，就越不易被人体吸收

B. 因此，饮料是补充体液的一种方法

C. 饮料中一般都含有糖或糖精

D. 但绝不是唯一的或是最理想的方法

3. 正确语序是__________________

A. 甜味是幸福，但是甜味太多，也觉得腻

B. 甜味可能是人生第一个向往的味觉

C. 甜味停留在记忆里，也就有了童年全部的幸福感受

D. 可是人不会一直停留在童年，因此人也不会一直满足于生命里只有甜味

4. 正确语序是__________________

A. 我负责的工作是在每一个馒头正中心用筷子点一个红点

B. 红染料用天然胭脂调成液体，用筷子头蘸着，刚好一个圆圆的红点

C. 母亲在一旁叮咛：要点在正中心哦

D. 刚蒸出来的馒头饱满丰圆，透着淡淡的五谷的香

5. 正确语序是__________________

A. 被监考老师发现

B. 他才下决心改正

C. 学生小明平时不好好学习，考试作弊

D. 受到了纪律处分

## 六、阅读小故事，并将其补充完整

有位女士跟丈夫吵架，对着前去安慰的朋友哭喊，说她嫁错人，一辈子都白活了。

朋友看到茶几下有本照相簿，拿起来翻翻，问："这是哪里？小孩还挺小。"女士哭着说："是带孩子去日本的迪士尼，累死了！"朋友又翻出一张问："这张孩子就比较大了，

你的腿怎么了？”女士哭着说：“是一家去滑雪，摔伤了，刚打完石膏，疼死了！”朋友再翻出一张埃菲尔铁塔的，问：“这是巴黎，孩子没去，只你们两口子？”

女士一把抢过去：“不看不看！ ______________________________

______________。”说完又哭了：“ ______________________________。”

这故事讽刺不讽刺？矛盾不矛盾？朋友看到的本来全是他们值得回忆的时刻，只因为现在两人吵架，就把过去几十年全否定了！人们常有个问题，就是______________

______________________________________________

______________________________________________

（原文可查阅刘墉：《年轻不老，老得年轻》）

## 七、仿写

欣赏下面的名篇（有删改），并模仿作者的思路和文章结构，续写剩下的“两条命”。

### 假如我有九条命

余光中

假如我有九条命，就好了。

一条命，专门应付现实的生活。有人说过：既然有肉身，就注定要承受与生俱来的各种痛苦。现代人最烦的一件事，莫过于办手续；办手续最烦的一面莫过于填表格。表格总是那么小，于是申请人得在四根牙签就塞满了的细长格子里，填下自己的地址。许多人的地址都是街外有巷，巷中有楼，门牌还有几座几号，不知怎么填得进去。这时填表人真希望自己是神，能把大山装进口袋，或者只要在格中填上两个字：天堂。一张表填完，又来一张，上面还有密密麻麻的各条说明，必须皱眉细阅。至于照片、印章，以及各种证件的号码，更是缺一不可。于是半条命已去了，剩下的半条勉强可以用来回信和开会。

一条命，留在台北的老宅，陪伴父亲和岳母。父亲年逾九十，右眼失明，左眼也看不清。他原是最好动的人，喜欢在外边与人吃饭聊天，现在却坐困在家中的寂寞世界里，出不得门，只能追忆逝去二十七年的亡妻，怀念分散在外地的子媳和孙女。岳母也已过了八十，五年前断腿至今，走路不便，却还要尽力照顾旁边的人。她原是我的姨母，我母亲去世后，她就搬来同住，主持家务，对我悉心照顾，使我常常感谢神又补给我一个母亲。

一条命，用来做丈夫和爸爸。世界上大概很少全职的丈夫，男人忙于外务，做这件事不过是兼差。女人做妻子，往往却是专职。女人填表，可以自称“主妇”（housewife），却从未见过男人自称“主夫”（househusband）。我觉得自己做丈夫比做爸爸要称职一点，原因正是有个好太太。做母亲的既然那么能干而又负责，做父亲的也就乐得放手了。四个女儿天各一方，负责通信、打电话的是母亲，做父亲的总是在忙别的事情，只在心底默默怀念着她们。

一条命，用来做朋友。人总得交朋友，要表现得“够朋友”，就得有闲、有钱。穷忙的人怎敢放手去交游？我不算太穷，却穷于时间，在“够朋友”上面只能维持及格水平。应酬完身边的朋友，再无余力和远方的朋友维持庞大的通信网了。

一条命，用来读书。世界上的书太多了，古人的书尚未读通一星半点儿，今人的书又像海水一样涌来。有人读书，是随意任性地乱读，只读自己喜欢的书，也能成为名士。有人只读名门经典的书，立志成为专家。我呢，有点不上不下。要是我不写作，就可以规规矩矩地做研究；或者不教书，就可以痛痛快快地读书。

书要教得好，也要全力以赴，不能随便。老师考学生，毕竟范围有限，题目有形。学生考老师，往往无限又无形。上课之前要备课，下课之后要阅卷，这一切都还有限。往往在教室以外和学生闲谈问答之间，更能发挥“人师”之功。常言“名师出高徒”，未必尽然。老师太有名了，便忙于外务。倒是有一些老师“博学而无所成名”，能经常与学生接触，产生实效。所以，要有一条命专门用来教书。

另一条命应该完全用来写作。台湾的作家极少是专业的，大半另有正职。我的正职是教书，幸而所教与所写基本相通，不至于互相排斥。不过艺术是需要全神投入的活动，没有一位认真的艺术家不把艺术放在主位。鲁本斯任荷兰驻西班牙大使，每天下午在御花园里作画。一位侍臣在园中走过，说道：“哟，外交家有时也画几张画消遣呢。”鲁本斯答道：“错了，艺术家有时为了消遣，也办点外交。”鲁本斯之所以出名，是由于他的艺术，不是他的外交。

## 八、用顺叙和倒叙的方法写作文

题目：一件有趣/难忘的事。

要求：800 字左右。

提示：想把事情写清楚，就要注意下面六个要素：时间、地点、人物、发生（起因）、发展（过程）、结果。

## 扩展与实践

1. 采访四个不同国家或地区的人，问问他们最难忘的一件事是什么，并简单记下来。

2. 选择你喜欢的一个故事或者一篇文章，用恰当的语调和语气朗读出来，并搭配上音乐和图片，做一个三到五分钟的小视频或者文档与大家分享。

提示：可以借鉴中央电视台《朗读者》节目的形式。

3. 介绍三本书或者文章的开头和结尾，并说说你觉得这样的开头、结尾怎么样。

4. 在你看过的电影中，哪些用了顺叙的方法讲故事？哪些用了倒叙的方法讲故事？请分别讲一讲。

# 第七课　故事四则

## 课前热身

塞翁失马，焉(yān)知非福。

——《淮南子·人间训》

亡羊补牢，犹未为晚。

——《战国策·楚策四》

一鼓作气，再而衰，三而竭。

——《左传·庄公十年》

凡事预则立，不预则废。

——《礼记·中庸》

问：以上名句你是否听过？你知道这些名句背后的故事和道理吗？

## 课文

### （一）欲速则不达

子夏，姓卜(bǔ)名商，春秋*时晋(jìn)国人，是孔子的**得意**[1]门生*之一。子夏比孔子小44岁，是孔子后期学生中的**佼佼者**[2]。他才思*敏捷[3]，文学**素养**[4]很高，经常得到孔子的称赞。

有一年，子夏因为才能**出众**[5]，被派到莒(jǔ)父（当时是

春秋：中国历史上的一个时代，现一般指公元前770年至公元前476年。

门生：学生。

才思：写作诗文的能力。

鲁国的一个县，大概位于山东省莒县境内）去做地方官。临走之前，他专门去**拜望**[6]孔子，向老师请教说："请问老师，怎样才能治理好一个地方呢？"孔子十分热情地对子夏说："治理地方，是一件十分复杂的事。可是，只要抓住了根本，也就很简单了。"孔子向子夏**交代**[7]了应注意的一些事后，再三嘱咐说："无欲速，无见小利*。欲速，则不达；见小利，则大事不成。"这段话的意思是，做事不要**单纯**[8]追求速度，不要**贪图**[9]小利。单纯追求速度，不讲效果，反而达不到目的；只顾眼前小利，不讲长远利益，那就什么大事也做不成。子夏深深**鞠躬**[10]，说道："谢谢老师的教导，我一定按照老师的教导去做。"然后告别孔子，到莒父上任去了。

子夏为什么专门去拜望孔子？

小利：小利益。

孔子给了子夏什么建议？

这段话被记载在《论语·子路》中，从这段话中产生了成语"欲速则不达"。人们常用它来说明干一件事情的时候，如果过于**性急**[11]图快，不**讲求**[12]效果，反而会**适得其反**[13]，不能达到目的。

你对"欲速则不达"这句话认同吗？你有什么看法？

（节选自中国历史故事网同名文章，有删改）

## （二）孟母三迁*

迁：这里指搬家。

孟子*，名轲（kē），是战国*时期著名的思想家。孟子从小丧（sàng）父，全靠母亲一人日夜纺纱织布，挑起生活**重担**[1]。孟母是个勤劳而有见识的妇女，她希望自己的儿子读书**上进**[2]，早日成才，因此非常重视对他的教育。

孟子：伟大的思想家、教育家，儒家学派的代表人物，与孔子并称"孔孟"。

战国：公元前475年至公元前221年，中国历史上的一个时代。

孟子的身世如何？

孟母带着年幼的孟轲，起初住在一处墓（mù）地*附近，孟轲看人家哭哭哀哀地埋葬(zàng)*死人，就和邻居的小孩一起学着大人跪(guì)拜、哭嚎(háo)*，玩起办理丧(sāng)事的游戏。孟母觉得这里的环境不好，于是搬家了。

孟母就带着孟轲搬到集市*旁边去住。到了那里，孟轲又和邻居的小孩学起商人自吹自夸地卖东西赚钱。孟母知道后，觉得这里环境还是不好，于是又搬了家。

孟母第三次搬家了。这次他们家隔壁是一所学校，有个胡子花白的老师教着一群大大小小的学生。老师每天**摇头晃脑**[3]地领着学生读书，那拖腔拖调*的声音就像唱歌，调(tiáo)皮的孟轲也跟着摇头晃脑地读了起来。孟母看到儿子开始用心学习了，觉得这才是适合孩子居住的地方，便在这里住了下来。

可是有一天，孟轲**逃学**[4]了。孟母知道后伤透了心。等孟轲玩够了回来，孟母把他叫到身边，说："你贪玩逃学不读书，就像剪断了的布一样，织不成布；织不成布，就没有衣服穿；不好好读书，你就永远成不了**人才**[5]。"说着，**抄**[6]起剪刀，"哗"的一声，把织机上将要织好的布全剪断了。

孟轲吓得愣住了。这一次，孟轲心里真正受到了**震动**[7]。他认真地思考了很久，终于下定决心专心读书。从此，他**发愤**[8]**用功**[9]，**身体力行**[10]，实践圣人的教诲，终于成为一代大儒*，被后人称为"亚圣*"。

（节选自看点快报网同名文章，有删改）

墓地：埋葬死人的地方；坟地。

埋葬：掩埋尸体。

哭嚎：大声哭叫。

集市：指农村或小城市中定期买卖货物的市场。

孟母三次把家搬到了哪里？她为什么搬家？

拖腔拖调：形容故意拉长声调。

孟母最后决定住在哪里？为什么？

得知孟轲逃学后，孟母是怎么做的？她为什么这么做？

大儒：旧指学问渊博而有名的学者。

亚圣：指继孔子以后的第二位儒家圣人——孟子。

孟母的教育对孟子有何影响？你对孟母的教育方法有何看法？

# （三） 田忌赛马*

赛马：运动项目的一种，比赛骑马速度。

齐国：公元前 386 年至公元前 221 年，战国时的一个国家。

齐威王：公元前 378 年至公元前 320 年，战国时期齐国第四代国君。

田忌和齐威王约定做什么？

第一次赛马田忌为什么会输掉？

孙膑：中国战国时期的军事家。

孙膑怎么看待田忌输掉赛马这件事？

孙膑建议田忌做什么？

齐国*的大将田忌很喜欢赛马。有一回他和齐威王*约定，进行一次比赛。

他们把各自的马分成上、中、下三等。比赛的时候，上等马对上等马，中等马对中等马，下等马对下等马。由于齐威王每个等级的马都比田忌的强，三场比赛下来，田忌都失败了。田忌觉得很扫兴，**垂头丧气**[1]地准备离开赛马场。

这时，田忌发现，他的好朋友孙膑（bìn）*也在人群里。孙膑招呼田忌过来，拍着他的肩膀说：“从刚才的**情形**[2]看，齐威王的马比你的快不了多少呀……”

孙膑还没有说完，田忌瞪了他一眼，说：“想不到你也来**挖苦**[3]我！”

孙膑说：“我不是挖苦你，你再同他赛一次，我有办法让你**取胜**[4]。”

田忌**疑惑**[5]地看着孙膑：“你是说另换几匹马？”

孙膑摇摇头说：“一匹也不用换。”

田忌没**信心**[6]地说：“那还不是**照样**[7]输！”

孙膑**胸有成竹**[8]地说：“你就照我的主意办吧。”

齐威王正在**得意洋洋**[9]地**夸耀**[10]自己的马，看见田忌和孙膑过来了，便**讥讽**[11]田忌：“怎么，难道你还不服气？”

田忌说：“当然不服气，咱们再赛一次！”

齐威王轻蔑地说："那就来吧！"

一声锣(luó)* 响，赛马又开始了。

孙膑让田忌先用下等马对齐威王的上等马，第一场输了。

接着进行第二场比赛。孙膑让田忌拿上等马对齐威王的中等马，胜了第二场。齐威王有点儿**心慌**[12]了。

第三场，田忌拿中等马对齐威王的下等马，又胜了一场。这下，齐威王**目瞪口呆**[13]了。

比赛结果，田忌胜两场输一场，赢了齐威王。

马还是原来的马，只**调换**[14]了一下出场的顺序，就**转败为胜**[15]了。

（节选自故事365网同名文章，有删改）

锣：

第二次赛马结果如何？田忌是如何取胜的？

这个故事说明了什么？

如果你是田忌，你会怎么做？

## （四）熟能生巧[1]

北宋* 时，有一个叫陈尧(yáo)咨的人，非常**善于**[2]射(shè)箭(jiàn)*，当时的人都知道他是一个**百发百中**[3]的射箭手，所以大家都对他很敬佩。陈尧咨受到大家的称赞之后，觉得自己的**本领**[4]已是**天下无双**[5]，便骄傲**自满**[6]起来。

一天，陈尧咨又在靶(bǎ)场* 表演他那**百步穿杨**[7]的**绝技**[8]。一箭射出，把又细又软的柳(liǔ)枝条* 射断了。观众们看得大声喝(hè)彩，并要求他再来一次。这时有个卖油的老头正从那里经过，看了后，却笑着说："这有什么了不起，只不过**手法**[9]熟练些罢了！"陈尧咨听了，不禁大怒，

北宋：960年至1127年，中国历史上的一个朝代。

射箭：用弓把箭射出去。

陈尧咨是一个怎样的人？

靶场：打靶的场地。

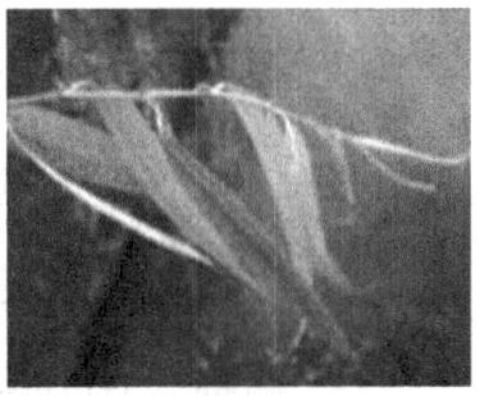

柳枝条：

卖油的老翁对陈尧咨的绝技有何反应？

大喊道："你这老头有什么本领，竟敢**藐视**[10]我？"老头回答："我哪里敢藐视你，我只是从几十年的斟(zhēn)*油经验中知道一件事情做熟了，便会找出**窍门**[11]来。"说着，便从他的油担*上取下一个葫芦(hú lu)*，葫芦口上放一枚(méi)*方孔铜钱*，然后打了一勺油，高举油勺往葫芦里倒，倒下的油直得像一条线似的，穿过钱孔进入葫芦中。

油倒完了，把铜钱拿起来给大家看，钱孔周围竟没有一丝油渍，大家看了都赞叹不已。老头微笑着对陈尧咨说："我这也没有什么了不起，只是熟能生巧罢了。"陈尧咨听了，**一声不响**[12]地转身走了。

（节选自知乎网同名文章，有删改）

斟：往杯子或碗里倒（酒、茶）。　~酒　~茶

油担：挑油的扁担。

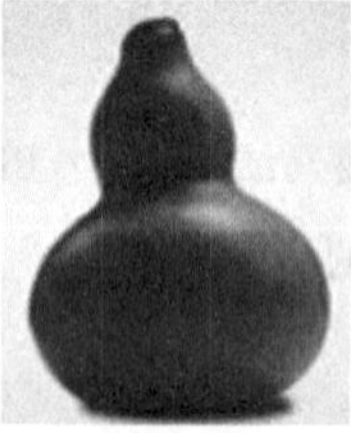

葫芦：

枚：量词，多用于形体小的东西。　一~硬币

铜钱：古代铜制的钱币，圆形，中有方孔，也有圆孔的。

卖油的老翁怎么看待自己和陈尧咨的"绝技"？

## 生词

### （一）欲速则不达

1. 得意　déyì　（形容词）　称心如意；感到非常满意。

~门生　~之作

例：颜回是孔子的得意门生。

她的脸上露出了得意的笑容。

2. 佼佼者　jiǎojiǎozhě　（名词）　美好、突出的人物。

例：他不仅成绩优异，还积极参加各项活动，是这一届学生中的佼佼者。

苹果手机是手机行业的佼佼者。

3. 敏捷　mǐnjié　（形容词）　（动作、思路）迅速而灵敏。

才思~　思维~　行动~　反应~

例：小明头脑冷静，思维敏捷，尤其擅长数学。

警察反应迅速，身手敏捷，很快就抓住了坏人。

4. 素养 sùyǎng （名词） 平日的修养。

艺术～ 基本～ 职业～ 科学～

例：为了提高同学们的文化素养，学校举办了戏剧文化展活动。

对自己的行为负责是做人的基本素养。

5. 出众 chūzhòng （形容词） 超出众人。

才华～ 模样～ 成绩～ 能力～

例：贝多芬（Beethoven）是一位才华出众的音乐家。

他虽然相貌不出众，但是做事认真负责，深受同事信赖。

6. 拜望 bàiwàng （动词） 敬辞，探望。

～师长 前来～ 登门～

例：这次来广州，我专程拜望了一位老作家。

他让我给您捎个信，过些日子他想来拜望您。

7. 交代 jiāodài （动词）

①嘱咐。

例：经理临走时交代，让咱们今晚准备好明天的会议。

②把经手的事务移交给接替的人。

～工作

例：你把工作给小李交代一下，明天他就要正式上班了。

③把事情或意见向有关的人说明；把错误或罪行坦白出来。

老实～ ～政策 ～问题

例：你必须老实交代，不能有所隐瞒。

8. 单纯 dānchún （形容词）

①单一。

例：读书是为了学习知识，不能单纯从兴趣出发。

②简单纯一，不复杂。

思想～ 性格～ 情节～ 善良～

例：他喜欢这些单纯可爱的孩子。

9. 贪图 tāntú （动词） 极力希望得到（某种好处）。

～便宜 ～安逸 ～凉快 ～方便

例：警方提醒广大市民加强防范，切不可贪图小便宜。

找工作不能只贪图一时安逸而不考虑未来发展。

10. 鞠躬 jū // gōng （动词） 弯身行礼。

~道谢 鞠了个躬

例：他很有礼貌，每次见到老师都鞠躬行礼。

演出结束后，演员们向观众深深地鞠了个躬表示感谢。

11. 性急 xìngjí （形容词） 遇事没有耐性，急于去做或急于达到目的；脾气急。

例：她是个性急的人，总是别人还没把话说完她就已经开始行动了。

做任何事情都应该一步一步来，性急的话很容易犯错。

12. 讲求 jiǎngqiú （动词） 重视某一方面，并设法使它实现，满足要求；追求。

~效率 ~实际 ~形式 ~回报 ~利益

例：这家饭店很讲求食材的新鲜，吸引了很多回头客。

在快节奏的现代生活中，必须要讲求速度和效率，不然很容易被淘汰。

13. 适得其反 shìdé-qífǎn （成语） 适：恰好。结果和希望正好相反。

例：大部分人以为这些做法可以减肥，可事实却适得其反，很多人都搞错了。

本来想开个玩笑逗女朋友开心，结果却适得其反，她反而更生气了。

## （二）孟母三迁

1. 重担 zhòngdàn （名词） 沉重的担子，比喻繁重的责任。

勇挑~ 千斤~ ~在肩

例：他小小年纪，就挑起了照顾生病的妈妈的重担。

生活的重担压得她喘不过气来。

2. 上进 shàngjìn （动词） 向上；进步。

努力~ 不求~ ~心

例：他是一名努力上进的学生。

爸爸批评小亮不求上进。

3. 摇头晃脑 yáotóu-huàngnǎo （成语） 形容自得其乐或自以为是的样子。

例：他读课文的时候，总是摇头晃脑的，像个老先生。

老爷爷提着鸟笼，摇头晃脑，嘴里还哼着曲儿，好不自在。

4. 逃学 táo // xué （动词） 学生无故不上学。

例：爸爸在网吧里遇到了逃学的儿子。

他逃学去看了一场演出。

5. 人才　réncái　（名词）　德才兼备的人；有某种特长的人。

～辈出　～难得

例：政府将制定新政策，吸引更多人才。

　　这个学校非常有名，人才辈出。

6. 抄　chāo　（动词）　抓取；拿。

例：一气之下，她随手抄起一把笤帚向对方扔了过去。

　　听到外面有动静，他抄起一根木棍走了出去。

7. 震动　zhèndòng　（动词）　（重大的事情、消息等）使人心不平静。

例：他在奥运会上再次夺冠的消息震动了全国。

　　母亲的话让他的内心受到了极大的震动。

8. 发愤　fāfèn　（动词）　决心努力。

～读书　～图强

例：为了考上理想的大学，他整天在图书馆里发愤学习。

　　在老师的一再教导下，他终于开始发愤图强了。

9. 用功

①yòng // gōng（动词）　努力学习。

例：这个学期他改掉了很多坏习惯，开始真正地用功读书了。

②yònggōng（形容词）　用的工夫多；花的力气大。

读书很～　学习不～

例：弟弟最近学习非常用功，成绩提高得很快。

10. 身体力行　shēntǐ-lìxíng　（成语）　亲身体验，努力实行。

例：他深入教学第一线，身体力行地指导教学改革。

　　父母教育孩子时，自己不能光说不做，而应该做到身体力行。

## （三）田忌赛马

1. 垂头丧气　chuítóu-sàngqì　（成语）　形容情绪低落、失望的神情。

例：小明丢了心爱的玩具，一天都垂头丧气的。

　　他垂头丧气地走出了考场。

2. 情形　qíngxíng　（名词）　事物呈现出来的样子。

看～

例：如何办理，到时候看情形再说。

看到这些小朋友，我突然想起了自己上小学时的情形。

3. 挖苦　wā · ku　（动词）　用尖酸刻薄的话讥笑（人）。

例：有意见就直说，不要挖苦人。

新闻界讽刺、挖苦他的声音越来越高。

4. 取胜　qǔshèng　（动词）　取得胜利。

例：只有发挥出色，我们才能在决赛中取胜。

为了在赛马中取胜，田忌使用了巧妙的策略。

5. 疑惑　yíhuò　（动词）　心里不明白；困惑。

~不解

例：这个问题让人感到疑惑不解。

6. 信心　xìnxīn　（名词）　相信自己的愿望或预料一定能够实现的心理。

对……有~　充满~　满怀~　~百倍

例：我对考试充满信心。

对于未来的生活，我们满怀信心。

7. 照样

①zhàoyàng（副词）　照旧。

例：虽然是周末，但是我得照样早起，照样工作。

②zhào // yàng（动词）　依照某个样式（做某事）。

~做　照这个样

例：你不要自己随便去改变什么，照样做就可以了。

8. 胸有成竹　xiōngyǒuchéngzhú　（成语）　画竹子时心里有一幅竹子的形象。比喻做事之前已经有通盘的考虑。也说成竹在胸。

例：对于这次的考试，我胸有成竹，因为已经做了很充分的准备。

他胸有成竹地对我们说："我会做好这件事的！"

9. 得意洋洋　déyì-yángyáng　（成语）　形容非常得意的样子，也作得意扬扬。

例：他手拿着奖杯，脸上挂着得意洋洋的笑容。

妈妈得意洋洋地给我看她花了一天做出来的蛋糕。

10. 夸耀　kuāyào　（动词）　向别人显示（自己有本领、有功劳、有地位势力等）。

自我~　值得~

例：做完工作后，他总要自我夸耀一番，生怕别人不知道他有多厉害。

这不是什么值得夸耀的事情，不要得意洋洋的。

11. 讥讽　jīfěng　（动词）　用旁敲侧击或尖刻的话指责或嘲笑对方的错误、缺点或某种表现。

~别人　~的口吻　~的字眼

例：不要讥讽犯错误的同学，这很不礼貌。

他这种人只会用一些讥讽的字眼来嘲笑别人，实在没什么素质！

12. 心慌　xīnhuāng　（形容词）　心里惊慌。

遇事~

例：银行卡丢了，一直找不到，我现在很心慌。

我对自己没什么信心，遇事容易心慌。

13. 目瞪口呆　mùdèng-kǒudāi　（成语）　形容受惊而愣住的样子。

例：精彩的魔术表演让观众们看得目瞪口呆。

看到朋友们被吓得目瞪口呆的样子，她哈哈地笑了起来。

14. 调换　diàohuàn　（动词）　彼此互换。

~位置　~顺序

例：咱俩调换一下位置吧，你坐左边，我坐右边。

两支队调换了一下出场顺序。

15. 转败为胜　zhuǎnbài-wéishèng　（成语）　变失败为胜利。

例：在我们的努力下，我们班终于转败为胜，取得了冠军。

你们队在最后的阶段是怎么转败为胜的？

## （四）熟能生巧

1. 熟能生巧　shúnéngshēngqiǎo　（成语）　熟练了就能产生巧办法，或找出窍门。

例：好好练习，学习化妆是一个熟能生巧的过程。

我相信熟能生巧，只要努力了，成功就是时间的问题。

2. 善于　shànyú　（动词）　在某方面具有特长。

~学习　~表达　~思考　~发现

例：他非常善于学习，有自己的一套学习方法。

我不太善于表达，性格比较内向。

3. 百发百中　bǎifā-bǎizhòng　（成语）　每次都命中目标，形容射箭或射击非常准；比喻做事有充分把握，绝不落空。

例：他射箭很厉害，基本上是百发百中。

他很善于猜谜语，百发百中。

4. 本领　běnlǐng　（名词）　技能，能力。

有～　～高强　看家～

例：空有一身本领却无处可发挥，他觉得很失望。

这位老人本领高强，曾打败了许多前来挑战的年轻人。

5. 天下无双　tiānxià-wúshuāng　（成语）　天下找不出第二个。形容能力出众，独一无二。

例：妈妈亲手织的毛衣既暖和又漂亮，独特的美丽花色更是天下无双。

游客们无不为西湖天下无双的美景所吸引。

6. 自满　zìmǎn　（形容词）　满足于自己已有的成绩。

～情绪　骄傲～

例：他虚心好学，从不自满。

自从上次取得优异成绩后，我们班内渐渐出现了自满情绪，很多同学都不像以前那么努力了。

7. 百步穿杨　bǎibù-chuānyáng　（成语）　本义指春秋时，楚国的养由基善射，能在一百步以外射中杨柳的叶子（语出《战国策·西周策》）。后用“百步穿杨”形容箭法或枪法非常高明。

例：人人都知道他的射箭技术十分高明，的确有百步穿杨的本领。

他在比赛时表现得就像是一个百步穿杨的神枪手。

8. 绝技　juéjì　（名词）　高超的、别人不易学会的技艺。

身怀～　独门～

例：今天来参加比赛的选手个个都身怀绝技，不能轻视。

用两只手同时写毛笔字是我的绝技。

9. 手法　shǒufǎ　（名词）　（艺术品或文学作品的）技巧；手段。

表现～　写作～　高超的～　熟练的～

例：他熟练又高超的表演手法让观众连连叫好。

这篇文章都使用了哪些写作手法？

10. 藐视　miǎoshì　（动词）　轻视；小看。

～敌人　～对手　～权威

例：在困难面前，我们要学会藐视它，但同时要做最好的准备去面对它。

他有着藐视一切的高傲的眼神。

11. 窍门　qiàomén　（名词）　能解决困难问题的好方法。

小～　找～

例：我在她的课上学到了很多生活小窍门。

让我们一起来开动脑筋找窍门吧！

12. 一声不响　yīshēng-bùxiǎng　（成语）　指不发出一点声音，静悄悄的，很安静。

例：他昨天一声不响就走了，我们过后才发现。

一回头，猛然发现他一声不响地坐在那里，把我们吓了一跳。

## 写作小技巧

# 扩写与缩写

1. 扩写

扩写是对原文进行扩展和充实，是把一段话或一篇篇幅较短、内容较概括的文章，扩展成篇幅较长、内容丰满生动形象的文章。扩写需要充分放开思路，展开想象，进行合理的创造，可以训练发散性思维能力。扩写的体裁可以是记叙文，可以是议论文，也可以是说明文，但以记叙文为多。大多是一些寓言或小故事。

扩写要忠于原作，不改变中心意思；为了突出中心，扩充那些值得扩充之处，而不是任意发挥；扩写时要注意情节发展合乎逻辑，人物性格前后统一；扩写前后人称不变；扩写前后主题不变。

扩写不同体裁的文章，着重点是不一样的。扩写议论文和记叙文，要围绕中心思想进行；议论文的论据，记叙文的情节、对话和场面描写，都有较大的扩写和发挥余地。扩写说明文，则要围绕事物的特征或者事理进行，应当在充实材料、加强说明方面下功夫，而不用发挥想象或运用夸张手法。

2. 缩写

作文中的缩写就是把内容较复杂、文字比较长的文章进行压缩，保留其主要内容，限制字数，缩成一篇短小的文章。

作文缩写的要求：

（1）保持原意即主题思想不变。

（2）明确时间、地点、人物、起因、过程、结果六要素。

（3）不要打乱原文内容顺序。

（4）只留下主要内容，去掉修饰词。

（5）明确主题，删掉与主题无关的内容。

（6）字数要符合要求。

具体做法：

（1）要先概括全文的中心思想和各段落大意。

（2）围绕中心弄清主要事件和材料，删掉次要情节和材料。

（3）缩写语言，把具体描写的句子变成简洁叙述的句子。

（4）最后要看衔接是否自然，首尾是否贯通。

## 文化点滴

# 成语里的智慧

中国古人的智慧很多体现在至今沿用的成语和俗语中，这些语词背后不但有着生动的小故事，更蕴含着深刻的哲理和智慧，可以启迪我们思考，指导我们更好地为人处世。下面就是几则这样的成语，请读一读并细心体会其中蕴含的哲理和智慧。

1.【前车之鉴（jiàn）】

出自《荀子·成相》，意为前面翻车的教训。比喻把前人或以前失败的教训作为借鉴。

例：我们要学习人家成功的经验，也要把人家的失败作为前车之鉴，以避免自己在今后工作中犯同样的错误。

2.【卧薪（xīn）尝胆】

出自《史记·越王勾践世家》，形容人刻苦自励，立志雪耻图强。

例：中国足球要想冲出亚洲，必须卧薪尝胆，刻苦训练。

3.【水滴石穿】

出自宋代罗大经《鹤林玉露》，指水一直向下滴，时间长了能把石头滴穿。比喻只要坚持不懈，细微之力也能完成很难办的事。也比喻只要有恒心，不断努力，持之以恒，事情就可能成功。

例：学习要有恒心和毅力，水滴石穿，功夫到了自然成。

4.【居安思危】

出自《左传·襄公十一年》，指虽然处在平安的环境里，也要想到有出现危险的可能。指随时有应付意外事件的思想准备。

例：我们现在虽然生活条件很好，但也要有居安思危的意识。

5.【差之毫厘，谬(miù)以千里】

出自《礼记·经解》，指一点微小的误差，结果就会造成很大的错误。比喻做任何事情，开始一定要认真地做好，如果做差了一丝一毫，结果会相差很远。

例：测量工作常是差之毫厘，谬以千里，因此一定要十分准确，绝不能粗心大意。

6.【近朱者赤，近墨者黑】

出自《太子少傅箴》，指靠近朱砂的变红，靠近墨的变黑。比喻接近好人可以使人变好，接近坏人可以使人变坏。

例：所谓"近朱者赤，近墨者黑"，选择什么样的人做朋友是十分重要的。

7.【韬(tāo)光养晦(huì)】

出自《旧唐书·宣宗记》，意为隐藏才能，不使外露。

例：经过这些年的韬光养晦，他变得越来越成熟了。

8.【物极必反】

出自《吕氏春秋·博志》，指事物发展到极端，会向相反方向转化。

例：做事情不能走极端，要明白物极必反的道理。

9.【未雨绸缪(móu)】

出自《诗经·豳(bīn)风·鸱鸮(chīxiāo)》，意为趁着天没下雨，先修缮(shàn)房屋门窗。比喻事先做好准备工作，预防意外的事情发生。

例：虽然目前还没有出现这种问题，但我们需要未雨绸缪。

10.【千里之行，始于足下】

出自《老子》，意为千里的路程是从迈第一步开始的。比喻事情的成功都是由小到大，逐渐积累的。

例：千里之行，始于足下，任何事情的成功都要从一点一滴做起。

【思考与练习】

类似这样的成语你还知道其他的吗？可以在课后进行搜集和整理，让自己的语言和智慧同时丰富起来。

## 练习

### 一、成语填空

| | | |
|---|---|---|
| 得意（　）（　） | 才思（　）（　） | 贪图（　）（　） |
| （　）（　）丧气 | 摇头（　）（　） | （　）（　）力行 |
| 胸有（　）（　） | （　）（　）口呆 | （　）得（　）反 |
| 百（　）百（　） | 熟能（　）（　） | 一声（　）（　） |

### 二、选词填空

出众　挖苦　疑惑　性急　善于　自满　藐视

出色　讥讽　困惑　着急　擅长　自信　蔑视

1. 你平时的表现非常优秀，你应该对自己有（　　）。
2. 她是个十分（　　）向别人学习的好孩子。
3. 他已经够难受的了，不要再（　　）他了。
4. 如果只是取得了这么一点儿成绩就（　　）的话，那么你可能会遭遇失败。
5. 在这次比赛中，大家的表现都非常（　　）。
6. “你可得做得比那好！”她的语气里带着一丝（　　）。
7. 他不但有着高大的身材，还有着（　　）的外表，是个名副其实的帅哥。
8. 对待困难，首先在心理上我们不能怕它，而是要（　　）它。
9. 我们都在（　　）为何他突然退出了比赛。
10. 这个问题已经（　　）我很久了，今天终于找到了答案。

11. 小莉最（　　　）的是跳舞，每次的舞蹈表演你都会看到她的身影。

12. 她是个（　　　）的人，连说话的速度都非常快。

13. 对于不诚实的人，我只会对其表示（　　　）。

14. 你（　　　）也没有用，现在关键是找到解决问题的办法。

## 三、请用括号中的提示词改写句子

1. 小丽有着非凡的绘画才能，她在我们班会画画的同学中是非常突出的。（佼佼者）

______________________________________________________。

2. 他刚大学毕业就找到了满意的工作，脸上露出十分得意的表情。（得意洋洋）

______________________________________________________。

3. 每次做事之前他都会精心准备，所以他总是看上去一副自信满满的样子。（胸有成竹）

______________________________________________________。

4. 不管学什么都一定要找到最佳的方法。（窍门）

______________________________________________________。

5. 听到这个令人吃惊的消息，我一下子愣住了，什么也说不出来。（目瞪口呆）

______________________________________________________。

6. 要想赢得比赛，如果力量不如对方，还可以凭智力取得胜利。（取胜）

______________________________________________________。

7. 他谁也没告诉，什么也没说，就这样离开了。（一声不响）

______________________________________________________。

8. 虽然女儿各方面都很优秀，但是妈妈从来不觉得这有什么好向别人炫耀的。（夸耀）

______________________________________________________。

9. 妈妈从老师那里得知孩子又没有去学校的消息后非常生气。（逃学）

______________________________________________________。

10. 这个沉重的担子只有他才扛得起。（重担）

______________________________________________________。

## 四、请用括号中的提示词完成句子

1. 老师经常强调要我们多阅读、多思考，为的是________________。（素养）

2. 他＿＿＿＿＿＿＿＿＿＿＿＿＿＿＿＿，一下子就跳过了横杆。（敏捷）
3. 这个故事＿＿＿＿＿＿＿＿＿＿＿＿＿＿＿＿＿＿＿＿。（交代）
4. 他在公司里的表现非常出色，＿＿＿＿＿＿＿＿＿＿＿＿＿。（人才）
5. 父母本打算通过给孩子报辅导班来帮她提高学习成绩，＿＿＿＿＿＿＿＿＿＿＿＿＿＿＿＿＿＿＿＿＿＿＿＿＿＿＿＿＿。（适得其反）
6. 小老虎从小就跟着妈妈＿＿＿＿＿＿＿＿＿＿＿＿＿＿＿＿。（本领）
7. 只有多练习才能把技术掌握得更好，＿＿＿＿＿＿＿＿＿＿。（熟能生巧）
8. 不用着急，你看着他是怎么做的，＿＿＿＿＿＿＿＿＿＿＿＿。（照样）
9. 老师的教诲，＿＿＿＿＿＿＿＿＿＿＿＿＿＿＿＿＿＿＿。（震动）
10. 期末考试快到了，＿＿＿＿＿＿＿＿＿＿＿＿＿＿＿＿＿＿。（用功）

## 五、排列句序

1. 正确语序是＿＿＿＿＿＿＿
   A. 孟母开始看到儿子用心学习了
   B. 调皮的孟轲也跟着摇头晃脑地念了起来
   C. 孟轲看到学校里的老师每天摇头晃脑地领着学生念书
   D. 便决定在这里住了下来
   E. 觉得这才是适合孩子居住的地方
2. 正确语序是＿＿＿＿＿＿＿
   A. 人们都知道他是一个百发百中的射箭手
   B. 他听到大家的称赞之后，觉得自己的本领已是天下无双
   C. 便骄傲自满起来
   D. 所以大家都对他很敬佩
3. 正确语序是＿＿＿＿＿＿＿
   A. 今天，让我们来走近它
   B. 牡丹是人们熟悉的传统名花
   C. 更多地了解它
   D. 常常使人联想到“国色天香”“花中之王”这些人人皆知的美誉
4. 正确语序是＿＿＿＿＿＿＿
   A. 但更主要是中国武术自身的特点和作用决定了其快速传播
   B. 武术界权威人士一致认为

C. 中国武术何以迅速走俏世界

D. 其中固然有影视作品和媒体的推动

5. 正确语序是__________________

A. 地处广东省东南部、珠江三角洲北缘

B. 广州是广东省省会

C. 这里的“百越”人和楚国人已有来往，特建“楚庭”，这是广州最早的名称

D. 早在公元前9世纪的周代

## 六、扩写与缩写训练

1. 请对“守株待兔”的故事进行扩写，字数在300~400字。

**守株待兔**

从前有一个农夫，每天在田地里劳动。

有一天，农夫正在地里干活，捡到了一只撞死在树桩上的野兔。

第二天，农夫还希望捡到兔子，但他白等了一天。

第三天，农夫又白等了一天。

后来，农夫每天就这样等着再捡到兔子，但他再也没有捡到。农田里的禾苗都枯萎了。农夫也因此成了大家议论的笑柄。

2. 请对课文中“孟母三迁”的故事进行缩写，字数在100字左右。

## 七、写作训练

请以课文四篇故事中的某一条哲理为主题，根据你的经历写一篇不少于600字的记叙文。

## 扩展与实践

1. 分组讨论

“孟母三迁”的故事告诉我们，在两千多年前的古代中国，孟母已经认识到周围邻居等环境在人的成长过程中有重要的影响。但是随着社会的发展，现代的中国社会，尤其是城市中，邻里之间的关系却发生了非常大的变化，人与人之间的关系变得不再那么亲近了，反而变得越来越冷漠……

在你们国家，人们是否会“择邻而处”呢？邻里之间的关系怎么样呢？请分组进行讨论，然后每组派代表说说看法。

2. 故事分享会

收集一个你们国家类似的富含哲理的小故事，以 PPT 的形式展示并分享给同学们。

3. 表演活动

把全班同学分成四个小组，将课文中的四个小故事表演出来。

# 第八课　江南的冬景

## 课前热身

1. 盼望着，盼望着，东风来了，春天的脚步近了。

一切都像刚睡醒的样子，欣欣然张开了眼。山朗润起来了，水涨起来了，太阳的脸红起来了。小草偷偷地从土里钻出来，嫩嫩的，绿绿的。园子里，田野里，瞧去，一大片一大片满是的。坐着，躺着，打两个滚，踢几脚球，赛几趟跑，捉几回迷藏。风轻悄悄的，草软绵绵的。

桃树、杏树、梨树，你不让我，我不让你，都开满了花赶趟儿。红的像火，粉的像霞，白的像雪。花里带着甜味儿；闭了眼，树上仿佛已经满是桃儿、杏儿、梨儿。花下成千成百的蜜蜂嗡嗡地闹着，大大小小的蝴蝶飞来飞去。野花遍地是：杂样儿，有名字的，没名字的，散在草丛里，像眼睛，像星星，还眨呀眨的。

（节选自朱自清：《春》，有删改）

问：（1）文中写出了春天的哪些景色？

（2）请画出短文中的比喻句。

2. 这一天我走在街道的花坛旁，我忽然发现，这干渴得如同水泥灰的泥土，居然萌出几点新绿，且自信地开出几朵小花，黄灿灿的小花。它们在春天的阳光照射下，竟是透着那么一份惊喜，它们的根就扎在这块毫无湿润的土地上。它们，是以怎样的毅力在这样的土地上生长起来的呵？我索性停下步来，低头凝视着一朵小花，它向我微笑着，因它的缘故，我发现阳光要美妙得多。这样一朵小花，它有两片小小的叶子，像两只举起欢呼的小手，在春风吹拂里颤栗(zhàn lì)不止。它整个的形象微小而精致，令人不忍触碰。它便是这样一个小小的生命，一朵开放在春天里的小小花朵，它猛然地让我感悟到生命力的强大。在如此干燥的土地上扎根，吸收到哪怕一丁点儿的养分，极顽强地生长出来，还绽(zhàn)开小小花朵，捧起即便是这样微小的颜色，微小的喜悦，但它终是这春天里的花朵的一种啊！

（节选自古清生：《一朵水花》，有删改）

问：作者在描写小花的时候抒发了什么样的感情？

3. 春天冰雪融化，万物复苏；乌云密布，暴雨倾盆；灿烂的阳光照射着大地。

问：看到以上的情景，你会想到什么？

## 课文

说说北国冬天人们的主要活动。

鸭梨：

描述一幅江南冬景图。

吱吱喳喳：多形容小动物的叫声。

翁：年老的男子；老头儿。

凡在北国过过冬天的人，都知道围**炉**[1]煮茗，或体验过吃**涮**[2]羊肉、**剥**[3]花生米、饮白酒的滋味。而有地炉、暖炕等设备的人家，不管门外是雪深几尺，或风大若雷，而躲在屋里度过的两三个月，却是一年之中最有劲的一段**蛰居**[4]生活；老年人不必说，就是顶喜欢活动的小孩子们，也都是个个在怀念的，因为在这期间，有萝卜、鸭梨*等水果的闲食，还有大年夜、正月初一、元宵等热闹的节日。

但在江南，可又不同。冬至过后，大江以南的树叶也不至于脱尽。寒风、西北风**间或**[5]吹来，至多也不过冷了一日两日。一直到灰云扫尽，落叶满街，晨霜白得像女人脸上的脂粉似的。清早，太阳一上屋檐，鸟雀便又在吱吱喳喳*地叫，泥地里便又冒出水蒸气来，老翁*小孩就又可以上门前的空地里去坐着**曝**[6]背谈天了，这一种江南冬景，**岂**[7]不也可爱得很么？

我生长在江南，儿时所感受的江南冬日的印象特深；

虽渐入中年，又爱上了晚秋，以为秋天正是读读书、写写字的人的最好的季节，但对于江南的冬景，总觉得是可以**抵得过**[8]北方夏夜的一种特殊**情调**[9]，说得摩登*些，便是一种**明朗**[10]的情调。

> 摩登：指式样时兴的；时髦。

我也曾到过闽（mǐn）*粤*，在那里过冬天，都是非常暖和的，有时候到了阴历的年尾，说不定还不得不拿出衬衫来穿；走出户外，还看得见许多**杂七杂八**[11]的秋花！一番阵雨雷鸣过后，凉快一点儿，至多也只好加上一件外套。在闽粤之间，皮袍棉袄是绝对用不着的；这并不是我所说的江南的冬景，只能叫它作南国的长春，是春或秋的延长。

> 闽：福建省的简称。
>
> 粤：广东省的简称。
>
> 说说广州冬天的天气情况。

江南的土地**丰腴**[12]而**润泽**[13]，所以含得住热气，养得住植物；因而长江一带，芦（lú）花可以到冬至而不败。像钱塘江两岸的乌桕（jiù）树，则红叶落后，还有雪白的桕子长在枝头，一点一丛，用照相机拍摄出来，可以乱梅花之真。草色顶多成了褐红色，根边总带点绿意，非但野火烧不尽，就是寒风也吹不倒的。若遇到风和日暖的午后，一个人去冬郊走走，你不但感觉不到寒冬的肃杀，反而还可以感受到一种无法形容的**生气**[14]；“冬天来了，春天还会远吗”*的诗人的名句，只有在江南的山野里，才最容易体会得出。

> 江南冬天里的植物有什么特点？
>
> 冬天来了，春天还会远吗：英国著名浪漫主义诗人雪莱的《西风颂》诗中的名句。

说起了寒郊的散步，实在是江南的冬日给（jǐ）与（yǔ）江南居住者的一种**特异**[15]的**恩惠**[16]；在北方的冰天雪地里生长的人，一辈子也不会有享受这一种**清福**[17]的机会的。江南河港纵横交错，且又**滨临**[18]大海，湖沼特多，故空气里总是含有水分。到了冬天，不时会下着微雨，而这微雨寒村里的冬日景象，又是一种说不出的悠闲境界。你试想想，秋收过后，河流边三五人家聚在一个小村子里，门对长桥，窗临远山，这中间又多是杂木树林。在这一幅冬日农村的图上，再洒上一层细得如同粉也似的雨丝，加上一层淡淡的背景，你说够不够悠闲？若再加点儿景致进去，则门前可以**泊**[19]一只乌篷小船*，茅屋里可以添几个**喧哗**[20]的酒客，天暗了，还可以加一杯黄酒，在茅屋窗中画上一圈暗示着灯光的月晕。人到了这一个境界，自然会**胸襟**[21]洒脱。

乌篷船：

晚来天欲雪，能饮一杯无：唐代白居易的诗《问刘十九》中的句子。

柴门闻犬吠，风雪夜归人：唐代刘长卿《逢雪宿芙蓉山主人》中的句子。

一提到雨，也就必然要想到雪：“晚来天欲雪，能饮一杯无？”自然是江南日暮的雪景。“柴门闻犬吠(quǎn fèi)，风雪夜归人”*，是江南雪夜的画面。这些诗句，也许不尽是在江南所写，作这几句诗的诗人也许不都是江南人，但借用这几句诗来描写江南的雪景，岂不**直截了当**[22]，比我这一枝**愚劣**[23]的笔所写的**散文**[24]更美丽得多？

说说作者笔下没有雨没有雪的冬天的情景。

恣意：任意；任性。

有几年，在江南也许会没有雨没有雪地过一个冬，到了正月底或二月初再冷一冷，下一点儿春雪。去年冬天是如此，今年的冬天恐怕也是这样。以节气**推算**[25]起来，大约太冷的日子，将在二月尽头，最多也就是七八天的样子。像这样的冬天，乡下人叫作旱冬，对于麦的**收成**[26]或许好些，但是却不利于健康。旱得久了，流行性感冒等疾病自然容易上身。如果是想恣(zì)意*享受江南冬景的人，在这一种冬天，就会感到快活，因为晴朗**温和**[27]的日子多了，上郊外去闲步**逍遥**[28]的机会自然也多。窗外的天气晴朗得像晚秋一样；晴空的高爽，日光的洋溢，**引诱**[29]得使你在房间里坐不住，空言不如实践，这一种无聊的杂文，我也不再想写下去了，还是**搁**[30]下纸笔，去湖边散散步吧！

（选自郁达夫：《江南的冬景》，有删改）

作者主要写江南的冬景，可是为什么要写北国与闽粤的冬天呢？

**作者简介：**

郁达夫（1896—1945），浙江富阳人，从小熟读唐宋诗词和小说杂剧，他是一个爱国主义者，也是一个跟随时代一道前进的作家。他的小说、诗歌等文学作品真实而深刻地反映了他那个时代的精神面貌。

## 生词

1. 炉 lú （名词） 取暖、做饭或冶炼用的设备。

火～ 煤气～ 锅～ 电～ 围～取暖

例：他们一家人围坐在火炉边闲谈。

这家人很少在家里吃饭，所以煤气炉打不着火很正常。

2. 涮 shuàn （动词）

①把肉片等放在开着的水里烫一下就取出来蘸佐料吃。

～羊肉 ～几秒钟

例：每次吃涮羊肉，我一定要配着芝麻酱一起吃。

②把水放在器物里面摇动，把器物冲洗干净。

把碗筷～一下

例：这个杯子不干净，你只是涮一下怎么行？一定要好好洗洗。

3. 剥 bāo （动词） 去掉外面的皮或壳。也可以读“bō”。

～花生 ～皮 ～开

例：他剥了好多花生，应该够吃了。

小时候爷爷会把粽子剥好，放在小盘子里，撒上白糖，那味道至今难忘。

4. 蛰居　zhéjū　（动词）　像动物冬眠一样长期躲在一个地方，不出头露面。

~家中　~山村

例：她后半生一直蛰居家中，专心写作。

记忆永远不会消失，它只会偷偷地蛰居在我们的脑海里。

5. 间或　jiànhuò　（副词）　偶尔；有时候。

例：大家专心地听着，间或有人笑一两声。

广州这几天的天气很不好，每天都是阴天，间或下点小雨。

6. 曝　pù　（动词）　晒。

~露　~晒

例：夏天千万不能长时间曝晒在阳光下，否则容易中暑。

经过一个夏天的烈日曝晒，他的皮肤变成了小麦色。

7. 岂　qǐ　（副词）　难道。

例：到了广州不去吃顿早茶岂不白来？

他那么期待这次演唱会，我们告诉他要加班的话，岂不让他失望？

8. 抵得过　dǐ · deguò　抗拒得了；比得上。

例：很少有人能够抵得过金钱的诱惑。

妈妈做的家常菜抵得过世间一切美味。

9. 情调　qíngdiào　（名词）　思想感情所表现出来的格调；事物所具有的能引起人的各种不同感情的性质。

异国~　生活~　有~

例：这首歌充满了异国情调。

这条小街道上有很多有情调的小店。

10. 明朗　mínglǎng　（形容词）

①光明磊落；开朗；爽快。

性格~

例：这些作品都具有明朗的风格。

②光线充足（多指室外）。

月色~

例：那天晚上的月色格外明朗，我们都坐在外面赏月。

③明显；清晰。

情况～　态度～　局势～

例：在情况还未明朗以前，不要着急作决定。

11. 杂七杂八　záqī-zábā　（成语）　形容多而杂。

例：家里杂七杂八的东西堆得太多了，要收拾一下了。

他实在累坏了，不想再去做那些杂七杂八的事情。

12. 丰腴　fēngyú　（形容词）

①（土地）丰美肥沃。

～的牧场　水草～

例：美丽的呼伦贝尔草原水草丰腴，牛羊成群。

②丰盈，形容人体态丰满。多用于书面语。

～的身姿　体态～

例：在唐朝，女子以体态丰腴为美。

13. 润泽　rùnzé　（形容词）　滋润；不干枯。

肤色～　～如玉

例：多吃蔬菜水果可以保持肌肤润泽。

这朵花的花瓣很美，饱满润泽。

14. 生气　shēngqì　（名词）　生命力，活力。

充满～　～勃勃

例：春天到了，整片森林充满生气。

来到这群生气勃勃的年轻人中间，我们老年人也变得年轻了。

15. 特异　tèyì　（形容词）　特殊。

～功能

例：看完他的魔术表演，很多人惊呆了，都怀疑他是不是有特异功能。

虽然他的画看上去很普通，却有一种特异的风格。

16. 恩惠　ēnhuì　（名词）　给予或受到的好处。

施与～　受人～

例：我永远不会忘记你的恩惠。

大自然是上天给我们的恩惠，我们要好好保护它。

17. 清福　qīngfú　（名词）　指清闲安适的生活。

享～

例：老王想早点儿退休回家享清福。

他的女儿从城里回来，接他去享清福了。

18. 滨临　bīnlín　（动词）　靠近（水边）。

～大海　～河岸

例：这座城市滨临大海，冬暖夏凉。

这个公园滨临珠江，环境优美。

19. 泊　bó　（动词）　船靠岸；停船。

停～

例：每天，来自世界各地的船只都会在这里停泊。

随着这个城市旅游业的发展，越来越多的游轮停泊在这个港口。

20. 喧哗　xuānhuá　（形容词）　声音大而杂乱。

例：广场上笑语喧哗。

越来越多的人喜欢一人一背包，远离喧哗的城市，踏上一个人的旅程。

21. 胸襟　xiōngjīn　（名词）　心胸；心怀。

～狭窄　～开阔

例：他是一个胸襟狭窄的小人，你千万不要得罪他。

做人要胸襟开阔，才能保持乐观积极的生活态度。

22. 直截了当　zhíjié-liǎodàng　（成语）　（言语、行动等）简单爽快。

例：你有问题就直截了当地跟我们讲，不要绕着圈子说话。

她直截了当地拒绝了我，不给我任何机会。

23. 愚劣　yúliè　（形容词）　愚蠢拙劣。

例：子孙若是愚劣，钱财多了只会增加他们的过错。

我们真不知道该怎么办，才用了这么愚劣的方法。

24. 散文　sǎnwén　（名词）　指除诗歌、戏剧、小说外的文学作品，包括杂文、随笔、报告文学等。

抒情～　叙事～　～家　～集

例：这篇散文是作家去旅游时有感而作的。

这篇叙事散文感动了许多读者。

25. 推算　tuīsuàn　（动词）　根据已有的数据计算出有关的数值。

～出　大致～　按/据～

例：他根据往期的中奖号码推算出了新一期的中奖号码。

我们可以大致推算出这次活动所需要的费用。

26. 收成　shōu · cheng　（名词）　庄稼、蔬菜、果品等收获的成绩，有时也指鱼虾等捕捞的成绩。

好～　～不错

例：今年受天气影响，玉米的收成不好。

今年的果树收成怎么样？

27. 温和　wēnhé　（形容词）

①（气候）不冷不热。

气候～

例：昆明气候温和，四季如春。

②（性情、态度、言语等）不严厉，不粗暴，使人感到亲切。

性格～　态度～

例：王老师性格很温和，从来不对我们发火。

28. 逍遥　xiāoyáo　（形容词）　没有什么约束，自由自在。

～自在　～快活

例：今天我们在草原上骑马飞奔，好不逍遥。

这个暑假我去外婆家玩，过得十分逍遥自在。

29. 引诱　yǐnyòu　（动词）　诱惑。

例：就算你拿再多钱来引诱我，我也不会答应你做这种坏事。

为了引诱罪犯投降，警察想出了各种办法。

30. 搁　gē　（动词）　放。

～下　～笔

例：我把箱子搁在屋子里。

一下课，他马上搁下课本，跑去洗手间。

**【非核心词语】**

1. 茗　míng　（名词）　原指茶树的嫩芽或茶叶，现泛指喝的茶。

香～　品～

2. 霜　shuāng　（名词）　在气温降到0℃以下时，空气中非常小的水汽在物体表面形成的白色东西。

结～　雪上加～

例：昨晚特别冷，早上起来才发现路边的小草上结了一层厚厚的霜。

　　公司最近生意不太好，再加上很多员工要辞职，现在真是雪上加霜。

3. 脂粉　zhīfěn　（名词）　胭脂和粉，旧时借代指"妇女"。

～气　不施～

例：她像个女汉子一样，不带一点儿脂粉气。

　　最美的容颜一定不是因为涂在脸上的脂粉，而是因为写在脸上的自信。

4. 屋檐　wūyán　（名词）　房檐。

～下

例：这屋子很矮，我一伸手就可以摸到屋檐。

　　同住在一个屋檐下，相互尊重很重要。

5. 鸟雀　niǎoquè　（名词）　泛指小鸟。

例：每天清晨，我都会在窗外鸟雀欢快的叫声中清醒过来。

　　秋天到了，鸟雀们纷纷飞上枝头品尝成熟的花果。

6. 皮袍　pípáo　（名词）　用毛皮做里儿的中式长衣。

7. 棉袄　mián'ǎo　（名词）　含有棉花成分的一种在冬季穿用的具有很强保暖作用的上衣。

8. 肃杀　sùshā　（形容词）　形容秋冬天气寒冷，草木枯落。

9. 沼　zhǎo　（名词）　天然的水池。

池～　～泽

10. 月晕　yuèyùn　（名词）　月光通过云层中的冰晶时，经折射而成的光的现象。

## 写作小技巧

# 如何写好描写景物的文章

1. 抓住特点

景物描写要抓住景物的特点，形状、声音、颜色、味道、神态、动态、静态等因素都是事物本身所具有的特点，我们在写作的过程中，要仔细观察，把握自然景物的独特因素，尽可能准确地向读者展示自然景物的个性，写出不同于别的景物的“这个”景物。例如在《江南的冬景》中作者写道：

清早，太阳一上屋檐，鸟雀便又在吱吱喳喳地叫，泥地里便又冒出水蒸气来，老翁小孩就又可以上门前的空地里去坐着曝背谈天了，这一种江南冬景，岂不也可爱得很么？

从作者的描绘中，读者能看到独特的“冬景”。

2. 选准角度

由于观察者的角度不同，方位不同，人们的视觉形象便会呈现出各种变化，笔下的景物也就形态各异。因此，选准描写的角度，有条不紊地介绍各种景物，使读者一目了然，成为景物描写中一件很重要的事。例如在《江南的冬景》一文中有这样的一幅画面：

你试想想，秋收过后，河流边三五人家聚在一个小村子里，门对长桥，窗临远山，这中间又多是杂木树林。在这一幅冬日农村的图上，再洒上一层细得如同粉也似的雨丝，加上一层淡淡的背景，你还够不够悠闲？若再加点儿景致进去，则门前可以泊一只乌篷小船，茅屋里可以添几个喧哗的酒客，天暗了，还可以加一杯黄酒，在茅屋窗中画上一圈暗示着灯光的月晕。

由于作家选取的角度非常特别，给读者描绘出了江南特有的景物。

3. 展开联想

写作中恰当运用联想的方法，可以更好地表现景物，也能够寄情于景，使作者笔下的一切显得生机勃勃。在日常生活中，我们就应当培养自己的开阔性思维，不要就一事想一事，应当仔细观察各种事物的特点，并善于找到它们的共同点，同时将其联系起来。例如在《桂林山水》中，作者在观察的基础上展开联想和想象，作者从桂林山的“奇”，想象出桂林的山像老人、像巨象、像骆驼……读者从中看到了桂林的山形态万千，这也充分表达了作者的思想感情。

4. 寄情于景

在写景状物时恰当运用情感因素，能使笔下的景物栩栩(xǔxǔ)如生。一般来说有直接抒情和间接抒情两种。热爱笔下的景物，让感情自然流露，同时要运用一些描写中的技巧和修辞手法。如鲁迅《从百草园到三味书屋》中的一段文字：

碧绿的菜畦(qí)，光滑的石井栏，高大的皂荚(zàojiá)树，紫红的桑葚(sāngshèn)；也不必说鸣蝉(míngchán)在树叶里长吟，肥胖的黄蜂伏在菜花上，轻捷的叫天子（云雀）忽然从草间直窜向云霄里去了。

这些文字朴实无华、简洁清晰，但亲切感人，意境纯美。作者如果没有带上情感去观察，怎能写出如此的韵味来？

5. 景中抒情

把作者的情思完全融入所描绘的景物中，看似简单的景物描述，但其字里行间都流露出作者的深情。如碧野《天山景物记》中的片段：

天山不仅给人一种稀有美丽的感觉，而且更给人一种无限温柔的感情。它有丰饶的水草，有绿发似的森林。当披着薄薄云纱的时候，它像少女似的含羞；当它被阳光照耀得非常明朗的时候，又像年轻母亲饱满的胸膛。人们会同时用两种甜蜜的感情交织着去爱它，既像婴儿喜爱母亲的怀抱，又像一位依偎着自己的恋人。如果你愿意，我陪你进天山去看一看。

在这段景物描写中读者可以体会到景中传情。这样的情才真切、充分，才具体、感人。也只有这样，才能为读者所理解、接受，从而产生情感上的共鸣。

## 文化点滴

# 传统诗词中的诗情画意

在描写景物的时候，除掌握上述的写作技巧外，多阅读一些唐诗宋词，体会诗人们独特的写景技巧，同时学会引用一些经典的诗句，这些都会让你的文章变得生动活泼，与众不同。请借助工具书，理解、赏析并背诵下面的中国古典诗词：

## 一、描写春夏秋冬的

1. 描写春天的：

人闲桂花落，夜静春山空。

月出惊山鸟，时鸣春涧（jiàn）中。

（王维《鸟鸣涧》）

涧：山间流水的沟。

好雨知时节，当春乃（nǎi）发生。

随风潜入夜，润物细无声。

（杜甫《春夜喜雨》）

乃：才。

应怜屐（jī）齿印苍苔，小扣柴扉（fēi）久不开。

春色满园关不住，一枝红杏出墙来。

（叶绍翁《游园不值》）

屐：木头鞋，后泛指鞋。

苍：青色（包括蓝和绿）。

扉：门扇。

2. 描写夏天的：

泉眼无声惜细流，树阴照水爱晴柔。

小荷才露尖尖角，早有蜻蜓（qīngtíng）立上头。

（杨万里《小池》）

蜻蜓：

绿树阴浓夏日长，楼台倒影入池塘。

水晶帘动微风起，满架蔷薇（qiángwēi）一院香。

（高骈（pián）《山亭夏日》）

满架蔷薇：

3. 描写秋天的：

jìng
远上寒山石径斜，白云生处有人家。
停车坐爱枫林晚，霜叶红于二月花。

（杜牧《山行》）

径：狭窄的道路；小路。

坐：因为。

月落乌啼霜满天，江枫渔火对愁眠。
姑苏城外寒山寺，夜半钟声到客船。

（张继《枫桥夜泊》）

寒山寺：位于苏州市姑苏区，始建于南朝梁天监年间（502—519）。

4. 描写冬天的：

千山鸟飞绝，万径人踪灭。
suō lì
孤舟蓑笠翁，独钓寒江雪。

（柳宗元《江雪》）

蓑笠：蓑衣和斗笠。

墙角数枝梅，凌寒独自开。
遥知不是雪，为有暗香来。

（王安石《梅花》）

## 二、描写山水田园的

pù
日照香炉生紫烟，遥看瀑布挂前川。
飞流直下三千尺，疑是银河落九天。

（李白《望庐山瀑布》）

庐山瀑布：

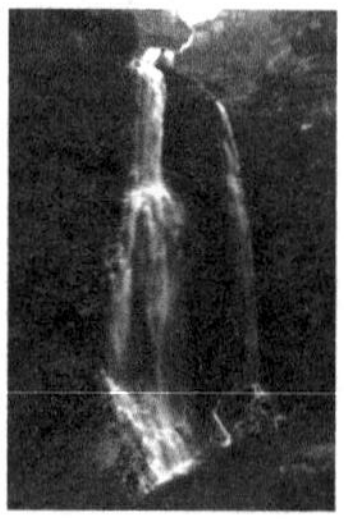

空山新雨后，天气晚来秋。
明月松间照，清泉石上流。
huàn
竹喧归浣女，莲动下渔舟。
随意春芳歇，王孙自可留。

míng
（王维《山居秋暝》）

浣：洗。

枯藤老树昏鸦，小桥流水人家，古道西风瘦马。夕阳西下，断肠人在天涯（yá）。

（马致远《天净沙·秋思》）

断肠人：形容伤心悲痛到极点的人。此处指漂泊天涯、极度忧伤的旅人。

天涯：极远的地方。

## 三、描写草原的

敕勒（chì lè）川，阴山下。天似穹庐（qióng lú），笼盖四野。天苍苍，野茫茫。风吹草低见（xiàn）牛羊。

（南北朝乐府诗集《敕勒歌》）

古诗今译：辽阔的敕勒川在阴山脚下。天空像一顶巨大的帐篷，笼盖了整个原野。苍天辽远空旷，草原一望无际，微风吹倒了牧草，露出了藏在草中的牛羊。

离离原上草，一岁一枯荣。

野火烧不尽，春风吹又生。

（白居易《赋得古原草送别》）

**【思考与练习】**

1. 理解、赏析并背诵以上的这些古典诗词。
2. 试一试：根据以上的诗词画两幅画，看看谁画得最好。

## 练习

### 一、选词填空

推算　温暖　润泽　摆　间或　晴朗　收成　引诱　雕刻　喧哗

推测　温和　湿润　搁　或许　明朗　收获　诱惑　铭刻　叫嚷

1. 春雨一连下了好几天，大地都（　　　）了，树叶都绿了。
2. 窗外的景色很（　　　）人，我想出去走走。
3. 他的帮助（　　　）了我的心，我再也不感到孤独了。
4. 今天晚上（　　　）要加班，你们就别等我了。

5. 果农们都希望今年风调雨顺，有个好（　　　）。
6. 我觉得今天的汤有点儿淡，可以（　　　）点儿盐。
7. 现在很多小学生的（　　　）能力很强，我真的很佩服他们。
8. 客厅里（　　　）了一盆植物，显得很有生气。
9. 我看到（　　　）的天空，心情格外舒畅。
10. 一阵暴雨，池塘里的荷花显得更加（　　　）可爱了。
11. 在广州学习汉语，我觉得自己在各方面都有很多（　　　）。
12. 我（　　　）他们现在已经顺利到达北京了，不信你打电话问问。
13. 老师们的教诲我会（　　　）在心的。
14. 看到老师（　　　）的目光，我紧张的心情放松了。
15. 他受到坏人的（　　　）后走上了犯罪的道路。
16. 大家都在认真听课，（　　　）有人的手机响了一下儿。
17. 他正在精心（　　　）一座石像，我们都期待着成品。
18. 他的态度已经很（　　　），你再说也是徒劳无功的。
19. 大家都在看电影，请勿（　　　）。
20. 听到这个消息，学生们都（　　　）起来，纷纷发表自己的看法。

## 二、请用括号中的提示词完成句子

1. ________________________________，我都喜欢听。（凡是）
2. 他工作非常忙，平时不必说，________________________。（就是）
3. 他这次出差时间不长，____________________________。（至多）
4. 这么开心的晚会，________________________________？（岂）
5. 上课的时候大家都很认真，只有他______________________。（不时）
6. 你到中国学习汉语，你的父母________________________。（自然）
7. 你需要帮手吗？________________________________。（抵得过）

## 三、请用括号中的提示词回答问题

1. 听说他的公司现在生意不好，是吗？（不至于）

____________________________________________________________

2. 他写的那个计划怎么样？老板同意了吗？（绝对）

______________________________

3. 他这个学期的学习怎么样？（因而）

______________________________

4. 今天的工作中他出了一点儿差错，老板批评他了吧？（反而）

______________________________

5. 今年你们那里的夏天热吗？（倒）

______________________________

6. 你估计这次活动有多少人参加？（推算）

______________________________

7. 你接受他的邀请吗？（直截了当）

______________________________

8. 你周末常常忙什么呢？（杂七杂八）

______________________________

## 四、排列句序

1. 正确语序是__________

A. 在整个冬季，最冷的一天应该是在冬至了

B. 冬至这天白昼最短

C. 地面得到的太阳热量最少，为什么呢

D. 因为太阳光线与地面的夹角最小

2. 正确语序是__________

A. 是冰川融化时垂直而下的水流冲击形成的

B. 内壁光滑且具有明显的螺纹状特征

C. 它的底部呈锅底状

D. 冰臼，是古冰川运动留下的痕迹

3. 正确语序是__________

A. 所以假使在盛暑烈日如火的时候，我坐的这个位置真是清凉仙境呢

B. 梧桐两旁各有一行冬青树，好长时间园丁没有来修剪，已长得很高了

C. 而如今已是密丛丛一树肥大的绿叶了，玻璃上也映出一层暗绿色来

D. 窗外有两株梧桐，三个星期前，树上的叶子是还没有银圆大的疏疏朗朗的几片红叶

4. 正确语序是________________

A. 许多孩子们喜欢在那片草地上玩一些他们认为好玩的游戏

B. 我的窗前有一块低洼的草地

C. 甚至开出一些小小的花朵

D. 春天的日子来临，它便会长出许多小草

5. 正确语序是________________

A. 就连我自己也在这闪闪的绿色之中了

B. 雄伟的山，苍郁的树，翠绿的石壁，滴水的竹林

C. 都在江中投入绿油油的倒影

D. 而天空和地面整个绿成一片

## 五、仿写

夏夜海滩：

月亮上来了。

是一轮灿烂的满月。它像一面光芒四射的银盘似的，从那平静的大海里涌了出来。大海里，闪烁着一片鱼鳞似的银波。沙滩上，也突然明亮了起来，一片片坐着、卧着、走着的人影，看得清清楚楚了。啊！海滩上居然有这么多人在乘凉。说话声、欢笑声、唱歌声、嬉闹声，响遍了整个海滩。

（节选自峻青：《海滨仲夏夜》）

校园的夜晚：

______________________________

______________________________

______________________________

______________________________

______________________________

______________________________

荷花池：

那个湖不但水美，花也很美。沿着湖边往东走，就看到万紫千红的荷花池。荷花千姿百态，有的全开了，有的还是花骨朵儿，有的半开着，有的饱胀得像是要破裂似的。荷叶大大的、圆圆的，像一把把太阳伞，挨挨挤挤地铺满湖面。荷叶上的水珠一颗颗滚来滚去，像珍珠一样，晶莹透亮。当微风轻轻地吹来的时候，荷花就像一位亭亭玉立的仙女在水中翩翩起舞，到处飘着荷花的清香，令人流连忘返。

（节选自瑞文网文章：《美丽的衡水湖》）

观察一下清晨公园里的景色并写下来：

## 六、根据下面的古诗描绘诗中的画面

春　晓

（唐）孟浩然

春眠不觉晓，处处闻啼鸟。
夜来风雨声，花落知多少。

请改写成一段200字左右的景物描写。

## 七、写作训练

要求：

1. 写一个你印象最深刻的地方的景色。

2. 注意使用所学过的描写景色的词语。

3. 600 字左右。

## 八、赏析，并背诵例文 4

1. 老舍笔下的景物描写：

四月中的细雨，忽晴忽落，把空气洗得怪清凉的。嫩树叶儿依然很小，可是处处有些绿意。含羞的春阳只轻轻的，从薄云里探出一些柔和的光线，地上的人影、树影都显得很微淡的。野桃花开得最早，淡淡的粉色在风雨里摆动，好像媚弱的小村女，打扮得简单而秀美。

——老舍《二马》

2. 沈从文笔下的景物描写：

沿河两岸连山皆深碧一色，山头常戴了点白雪，河水则清明如玉。在这样一条河水里旅行，望着水光山色，体会水手们在工作上与饮食上的勇敢处，使我在寂寞里不由得不常作微笑！

——沈从文《湘行散记》

3. 秦牧笔下的景物描写：

海涛拍击岩石和沙滩的声音永无休止地喧响着。几乎像一条白线似的浪花从远处奔腾而来，猛碰到岸边，发出富有韵律的激溅的声音，然后迸着泡沫，消失在沙石之间。后面一排浪花又紧接着追逐上来。

——秦牧《黄金海岸》

4. 朱自清笔下的景物描写：

曲曲折折的荷塘上面，弥望的是田田的叶子。叶子出水很高，像亭亭的舞女的裙。层层的叶子中间，零星地点缀着些白花，有袅娜（niǎonuó）地开着的，有羞涩地打着朵儿的；正如一粒粒的明珠，又如碧天里的星星，又如刚出浴的美人。微风过处，送来缕缕清香，仿佛远处高楼上渺茫的歌声似的。这时候叶子与花也有一丝的颤动，像闪电般，霎时传过荷塘的那边去了。叶子本是肩并肩密密地挨着，这便宛然有了一道凝碧的波痕。叶子底下是脉脉（mòmò）的流水，遮住了，不能见一些颜色；而叶子却更见风致了。

——朱自清《荷塘月色》

## 扩展与实践

1. 作者为表现江南冬景的美好，为我们展现了几幅画面？请试着为它们命名，并画出来。

2. 仔细观察身边的某种植物，写出那种植物的特点，并写出你的感受。

3. 组织一次郊游活动，仔细观察这个季节里的景物特点以及人们的活动，详细记录下来。分组写下所看到的景色，并在班里讲述，看看哪个组的描述最精彩。

4. 要是你的朋友夏天不想去你的国家旅游，可是你非常希望他们去，请你给朋友详细介绍一下你们国家有哪些值得游览的地方，尽量说服他们去你的国家旅游。